名古屋港を語る

脱炭素の未来へ

衆議院議員
工藤彰三 編著

元内閣総理大臣
麻生太郎 著

名古屋港利用促進協議会前会長・
名港海運株式会社前会長
髙橋治朗 著

中央公論事業出版

空から見たポートアイランド（写真提供：名古屋港管理組合）

名古屋港水族館
（写真提供：（公財）名古屋観光コンベンションビューロー）

中川運河の街づくり構想
（出所：名古屋市・名古屋港管理組合「中川運河再生計画更新版」）

歴史 1601-2023

1601	慶長6	・東海道五十三次の宿駅制定に際し、熱田が宮の宿として宿場、桑名へ七里の渡しの舟渡場にそれぞれ指定される
1625	寛永2	・熱田の浜に常夜灯建立
1863	文久3	・熱田、江戸航路開設
1872	明治5	・名古屋県を愛知県に改称
		・熱田港入船津改所設置
1880	明治13	・愛知県会、熱田湾と堀川浚渫費予算を可決
1883	明治16	・愛知県会、熱田港築港に関する建議案を可決
1894	明治27	・愛知県会、熱田港築港調査建議案を可決
1895	明治28	・熱田湾築港調査所設置
1896	明治29	・愛知県会、熱田湾築港費（工費189万円余、工期7年）を可決 ［水害や日露戦争、強硬な工事反対論で工事は難航］
		・内務大臣、熱田湾築港工事施行を認可
		・熱田湾築港、第1期工事着工
1906	明治39	・巡航博覧会船「ろせった丸」入港
1907	明治40	・熱田港を名古屋港に改称。11月10日開港
1923	大正12	・名古屋港を第2種重要港湾に指定
		・**関東大震災（9月1日）**
1937	昭和12	・名古屋汎太平洋平和博覧会開催
1941~45	昭和16~20	・太平洋戦争勃発 ［名古屋市内壊滅的な被害を受ける］
1946	昭和21	・運輸省が名古屋港を国際港に指定
1948	昭和23	・名古屋海上保安本部設置
		・名古屋港を港則法に基づく特定港に指定
1951	昭和26	・名古屋港管理組合設立 ［特定重要港湾に指定され、組合は名古屋港の戦後復興に着手］
1953	昭和28	・台風13号襲来 ［港湾施設に多大な被害をもたらす］
1957	昭和32	・名古屋港開港50周年
1959	昭和34	・ロサンゼルス港（アメリカ）と姉妹港提携（3月31日）
		・**伊勢湾台風襲来（9月26日）** ［死者5,041人、1万隻以上の被害］
1968	昭和43	・フルコンテナ船「箱根丸」（1万6、240総トン）が名古屋港に初入港
1972	昭和47	・NCBコンテナターミナルが供用開始
1975	昭和50	・名古屋湾ポートアイランド埋め立て工事着手
1981	昭和56	・ガーデンふ頭埋め立て完成
1982	昭和57	・世界の主要航路、欧州航路の開設に合わせ、その第1船として「ネドロイド・デルフト号」入港
1983	昭和58	・フリマントル港（オーストラリア）と姉妹港提携

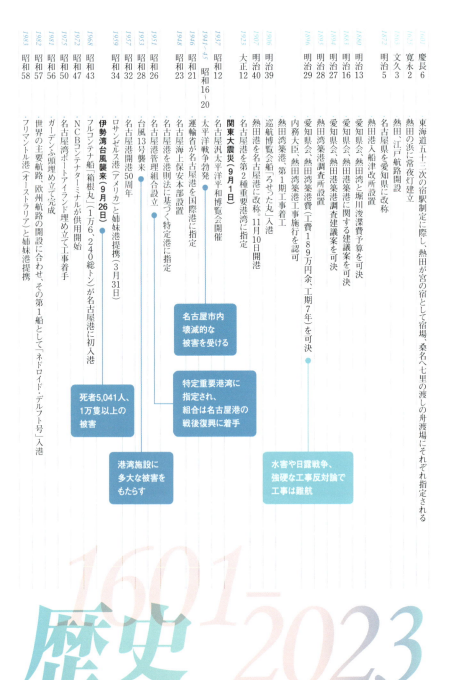

- 1984 昭和59 ・名古屋港ポートビル完成
- 1985 昭和60 ・ボルチモア港（アメリカ）と姉妹港提携
  ・名港西大橋完成
- 1986 昭和61 ・名古屋港ポートハウス（無料休憩施設）完成
- 1987 昭和62 ・名古屋港開港80周年。式典開催
- 1988 昭和63 ・アントワープ港（ベルギー）と友好港提携
- 1989 平成元 ・世界デザイン博覧会開催。名古屋港も会場に
- 1990 平成2 ・開港以来の最大型客船「日本郵船クリスタル・ハーモニー号」（4万9、400トン）入港
- 1992 平成4 ・名古屋港水族館オープン
- 1994 平成6 ・名古屋港船舶通航情報センター完成
- 1995 平成7 ・**阪神・淡路大震災（1月17日）**
- 1998 平成10 ・名港三大橋「名港トリトン」開通
- 2001 平成13 ・名古屋港水族館北館オープン
- 2002 平成14 ・総取扱貨物量が全国トップに
- 2004 平成16 ・スーパー中核港湾に指定される
  ・名古屋港と金城ふ頭を結ぶ旅客鉄道「あおなみ線」が開業
- 2005 平成17 ・愛知県知多市の名古屋港南5区にある新舞子マリンパークに、名古屋港管理組合が建設していた風力発電所が完成。竣工式開催
- 2007 平成19 ・名古屋港開港100周年
  ・名古屋港開港100周年海フェスタなごや～海の式典2007～記念式典開催
- 2008 平成20 ・飛島ふ頭南側コンテナターミナル第2バース供用開始
- 2010 平成22 ・シドニー港（オーストラリア）と姉妹港提携
- 2011 平成23 ・**東日本大震災（3月11日）**
  ・国際バルク戦略港湾（穀物）に選定される
  ・上海国際港務（集団）股份有限公司（中国）とパートナーシップ港提携
- 2012 平成24 ・鍋田ふ頭コンテナターミナル第3バース供用開始
  ・タイ港湾公社（タイ）とパートナーシップ港提携
- 2015 平成27 ・港湾運営会社制度導入によるコンテナターミナルの運用開始
- 2016 平成28 ・名古屋港埠頭株式会社が名古屋コンテナ埠頭株式会社（NCB）を吸収合併
- 2017 平成29 ・名古屋四日市国際港湾株式会社設立
- 2018 平成30 ・HAROPA-ル・アーヴル港（フランス、現HAROPA-PORT）とパートナーシップ港提携
- 2021 令和3 ・名古屋港管理組合設立70周年
- 2022 令和4 ・アントワープ・ブルージュ港（ベルギー）と姉妹港宣言
- 2023 令和5 ・カーボンニュートラルポート（CNP）形成の推進

パートナシップ港＝港湾ビジネスの拡大と実務レベルでの迅速な対応を図ることを目的に創設

アントワープ港とブルージュ港は2022年4月に統合

名古屋港の

水素燃料電池搭載のトラックに試乗する著者
(2023 年 5 月 8 日、いすゞ自動車神奈川県藤沢工場)

水素社会推進議員連盟（小渕優子会長、写真中央）で水素を製造する水電解装置の実証実験を見学（左端は著者）
(2022 年 9 月 6 日、トヨタグループ「デンソー福島」カーボンニュートラル工場)

第 21 回国際水素・燃料電池展を視察
(2024 年 2 月 29 日、東京ビッグサイト)

衆議院経済産業委員会に臨む（2024 年 3 月 15 日）

衆議院災害対策特別委員会委員として九州の被災地の現状を視察（2023 年 8 月 2 日）

はしがき

初めての衆議院選挙や政治活動に対しても親身になって応援して下さっている先輩から、ある時、「〝災害に強い街づくり〟とか、〝日本一の名古屋港の整備〟とかをキャッチフレーズにしているけど、一般の方にはピンと来ないから、いっそのこと、本でも書いたらどうだ」と言われました。「まだ早すぎますよ、誰も読んではくれませんよ⁉」と答えると、「共同出版だ。相手はお願いして連れて来るから大丈夫だ！　名古屋港に特化した本を政治家として出版しよう」。それが、今回の出版の始まりでした。その後、そのお相手のことで声がかかりました。「お前が知っている名古屋港一の顔役に了承を取り付けたから、すぐ挨拶に行って来い」。

誰だろう？　まさか？　その相手とは、何と名港海運株式会社会長の髙橋治朗さんでした。アポイントを取り、会社に伺うと、「喜んで協力させてもらう。経験上、名古屋港の歴史を自分なりにまとめた原稿を作成する」と、おっしゃって下さいました。そうしてできあがったのが、名古屋港の成り立ちが一目瞭然のとても中身の濃い原稿でした（第1章）。

1959年（昭和34年）9月に発災した伊勢湾台風以後、多大な尽力のもとに復興し、現在総取扱貨物量が日本一の産業貿易港湾である「名古屋港」に対する未来について、小生も思いを執筆していました。そのまとめに入ろうとした2020年（令和2年）1月15日、我が国において新型コロナウイルスの最初の感染者が発表され、その後に続く未曾有のコロナ禍の影響で長い歳月、景気経済が低迷し、出版活動が遅延することになりました。その間、新たなエネルギー改革が各国で推進され、時代はカーボンニュートラルへと変革し始めました。原稿の内容も、災害に強いという点だけでなく、〝カーボンニュートラルポート（CNP）名古屋〟をテーマとする内容を加筆して変更しました（第2章）。

そしてさらに予期せぬ事態が起こります。満90歳でとても健康で頭脳明晰な永遠の紳士！そして港湾関係のみならず財界人としての指導者であられる髙橋会長が、2023年（令和5年）10月25日に永眠されたことです。

生前、髙橋会長から言葉では伝えがたいご指導を賜ったこと、若輩である小生を同志であるがごとく接していただきましたことに、心より感謝申し上げ、ご冥福をお祈りいたします。

出版の中止も考えましたが、これだけ素晴らしい原稿（第1章）を頂戴しておりますので、ご子息である現名港海運株式会社髙橋広社長に相談したところ、「父の遺作ですから、是非とも出版は継続して下さい」とのお言葉をいただきました。

もう一人の方は、政治の恩師である麻生太郎元内閣総理大臣です。名古屋港や中部財界を俯瞰された中身の原稿です。地元政治家とは違った角度から中部圏を見るとこう思えるのだな、と興味深く読んでいただければと思います。原稿のご執筆を快諾していただき、公務のご多忙中にもかかわらず原稿を書いて下さったことに敬意を表し、深く感謝を申し上げます。

第3章は、鼎談形式になっています。実際に、麻生氏、髙橋治朗氏、小生の三人で鼎談をいたしました。それもコロナ禍が始まった2020年のことで、話題の中心にまだ「カーボンニュートラル」はありませんでした。そのため、名古屋港の新しい希望や期待についてしたためた各々の原稿を集めて、語り合う鼎談の形式になるようにまとめあげました。お互いの原稿がちょうど補完しあうかたちになったと思っています。

当初の原稿から一転して、テーマを〝カーボンニュートラルポート名古屋〟に変えるのも、ためらいや不安はありました。ですが、自由民主党水素社会推進議員連盟（水素議連）において、10年前には全く相手にされなかった水素が、コロナ禍において世界で注目され、熾烈な産業競争が始まりました。もともとエネルギー資源不足である我が国で新たに活用するエネルギーは一体何なのか。水素議連で時間をかけて研究し、視察し、各団体、官庁、学者の方々と何度も議論した結果、利活用すべきは水素ではないかと取りまとめ、官邸にも何度も要望や提言書を出しました。そして、無事、内閣提出の水素社会推進法案（脱炭素成長型経済構造への円滑な移行のための低炭素水素等の供給及び利用の促進に関する法律案）提出まで取り付けて、今年の通常国会で審議され、議決、法案化されたのです。これは水素議連事務局長として、非常に喜ばしいことと感じております。それとともに将来への重い責任を担うことになったと感じ、海洋国家であるこの国の将来の港湾のあるべき姿は何か、そしてどう未来に対し責任を取るべきかを考え、再度執筆した次第です。

本書を通じまして、名古屋市民や愛知県民の皆様のみならず、全国の皆様にも、〝名古屋港の未来〟を感じ取って、ともに考えていただければ喜ばしい限りです。そしてこのことが〝日本の未来〟にも通じることになれば、望外の喜びです。

なお、本書内の情報は、執筆等の時期にかかわらず最新の事象や数値の採用を心がけました。

2024年盛夏

工藤彰三

名古屋港を語る――脱炭素の未来へ

目次

名古屋港を語る

――脱炭素の未来へ

第1章　日本一の名古屋港

名古屋港利用促進協議会前会長
名港海運株式会社前会長
髙橋治朗

はじめに

四面を海に囲まれた日本は、国内に約1、000の港を持つ世界に冠たる海運・港湾国家だ。貿易の主役は海上輸送で、輸入品の99・5%は船で運ばれてくる。古来より海運が日本人の生活や経済活動を支えてきたといっても過言ではないだろう。

国内の港の中でもひときわ存在感を示しているのが名古屋港だ。世界約170の国と地域を結び、トヨタ自動車などの自動車関連や工作機械、航空・宇宙など「ものづくり産業」が集積する中部地方の物流拠点として重要な役割を担っている。

コンテナ貨物やバルク（ばら積み）貨物、完成自動車などをバランスよく取り扱っている国際貿易港で、港湾別の総取扱貨物量、輸出額、そして輸出から輸入を引いた貿易黒字額も全国トップに君臨している。いわば日本の港の〝稼ぎ頭〟といえる。

私はその名古屋港に生まれ、仕事を通じて名古屋港に育てられてきた。世界の港湾関係者で、名古屋港の存在を知らない者はいない。ただ、残念なことに地元の愛知県民、名古屋市民の間で、名古屋港に対する認知度はあまり高いとはいえない。これは自分を含めた名古屋港関係者のＰＲ不足のせいでもあるが、一般の人が自分たちの生活を支えている港湾や海運にあまり関心を寄せてこなかったことが一因かもしれない。こうした反省に立って、第１章では名古屋港の歴史を振り返り、その潜在力や魅力を紹介しながら将来像を展望していきたいと思う。

髙橋治朗（たかはし・じろう）　１９３２年、名古屋市出身。56年一橋大学商学部卒業後、大阪商船（現商船三井）入社。61年に名港海運に入社し、95年に代表取締役社長に就任。２００１年から同会長。１９９９年から名古屋港利用促進協議会会長を務める。２００９年にベルギー王国コマンドール王冠勲章、旭日小綬章を受章。10年に名古屋商工会議所会頭。23年10月25日死去。享年90歳。

第1節　名古屋港の生い立ち

(1) 概要

名古屋港は日本列島のほぼ中央部に位置し、愛知県の名古屋市、東海市、知多市、弥富市、飛島村の4市1村にまたがる。中部国際空港（セントレア）に近接し、港内中央部を走る伊勢湾岸自動車道を経由して、広域高速道路網と結ばれている。地下鉄や名古屋市臨海高速鉄道の「あおなみ線」で名古屋駅や名古屋市中心部とつながっており、アクセスも良い。

2023年（令和5年）の名古屋港の総取扱貨物量（外内貿合計）は、前年比4％減の約1億5,784万トンで、22年連続で国内トップを堅持した（表1）。

港の総面積は約1億2,468万平方メートル、そのうち陸地部分（臨港地区）は4,301万平方メートルで、東京港と横浜港を合わせた面積よりも広く、日本一の規模を誇る。ナゴヤドーム（バンテリンドーム ナゴヤ）の面積（4万8,169平方メートル）に換算すると約890個分になるが、あまりに巨大でイメージがわかないかもしれない。係船岸壁の総延長は

表１　データでみる名古屋港の実力

	1位（名古屋港）	2位以降の他港
総取扱貨物量	1億5,784万トン	千葉港、苫小牧港
輸出額	15兆1,877億円	横浜港、神戸港
輸出額から輸入額を差し引いた貿易差引額	7兆8,632億円	神戸港、博多港
自動車輸出台数	145万台	三河港、横浜港
臨海地区面積（陸域）	4,301ヘクタール	北九州港、横浜港

出所：名古屋港管理組合まとめから作成

３万３、７００メートルで、係船能力は２７８隻に上る。

名古屋港の物流・生産拠点は、①コンテナターミナル、②自動車積出基地、③エネルギーや鉄鋼生産などを行う基幹産業等生産基地、④フェリーターミナルや鋼材・セメントの流通機能基地――の四つに大別される。水深４・５メートル以上の係船岸壁を持つ埠頭は数多くある。

名古屋市港区にある「ガーデンふ頭」には、名古屋港水族館、名古屋港ポートビル、名古屋海洋博物館などのアミューズメント施設が集積している。あおなみ線で名古屋駅につながる「金城《きんじょう》ふ頭」には、JR東海の「リニア・鉄道館～夢と想い出のミュージアム～」や日本初上陸のキッズテーマパーク「レゴランド・ジャパン」などの施設があり、各種大型

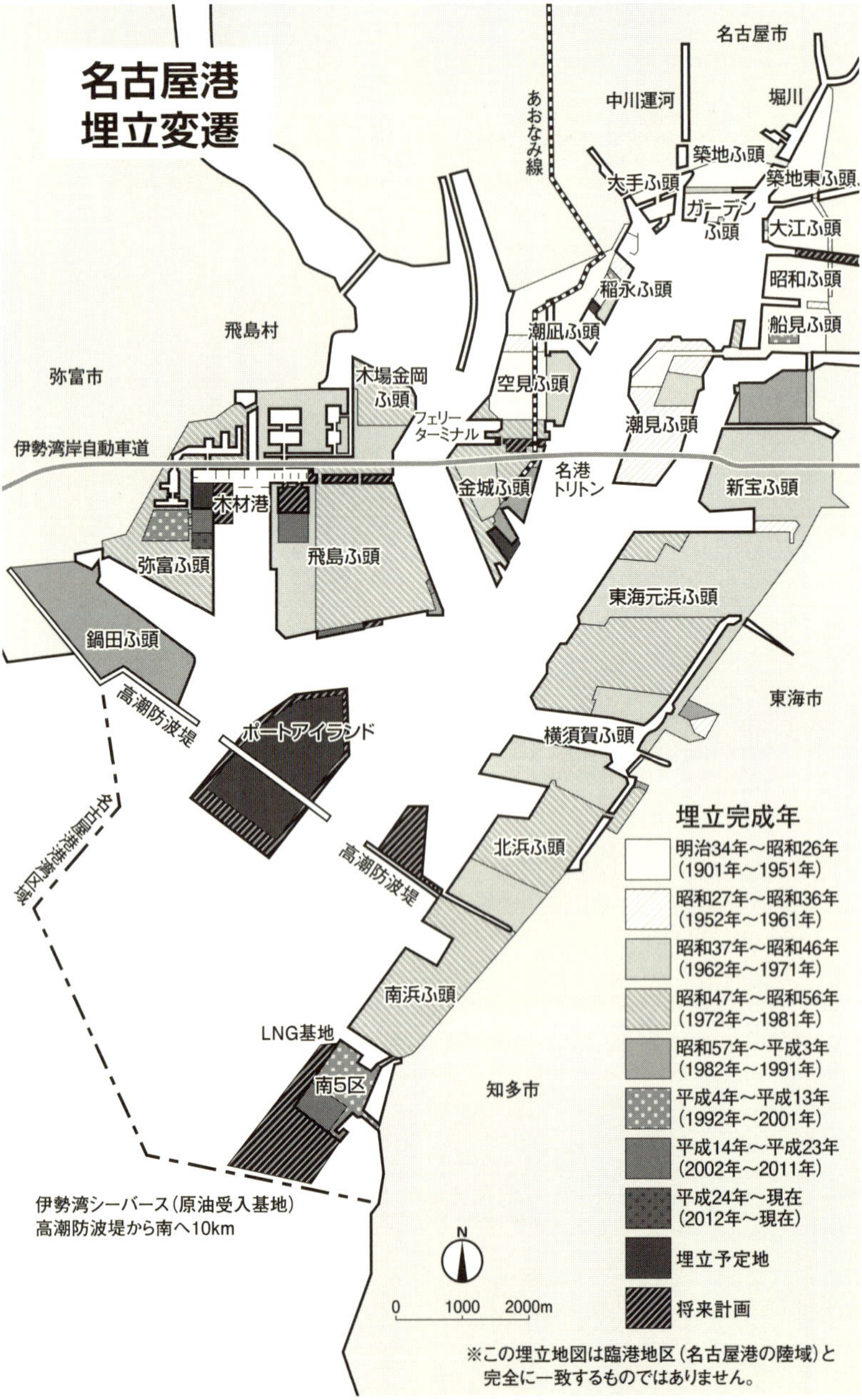

出所：名古屋港管理組合「立地状況と埋立の変遷」

客船が接岸している。今後、リニア中央新幹線が東京（品川）―名古屋間で開業すれば、首都圏とのアクセスが向上し、名古屋港への集客がさらに見込まれると期待している。

(2)「熱田の浜」が起源

名古屋港は、全国的にも珍しい経歴を持つ国際港湾港である。１９０７年（明治40年）に開港した名古屋港は、横浜港や神戸港のように明治政府による国策で整備されたわけではなく、地域の発案をもとに愛知県や地元企業が力を合わせて誕生した港湾だ。

名古屋港の前身は、「熱田《あつた》の浜」（現在の名古屋市熱田区）と呼ばれた船着き場である。その歴史はかなり古い。郷土史研究者の山田《やまだ》寂雀《せきじゃく》氏が執筆した『名古屋区史シリーズ　港区の歴史』（愛知県郷土資料刊行会）によると、熱田の浜は日本《やまと》武尊《たけるのみこと》が東国征討の際に経由したとされる。

天下分け目の関ヶ原の合戦で、勝利を収めた徳川家康が主導し、１６１０年（慶長15年）に名古屋城の築城が始まると、大消費地の名古屋と熱田を結ぶ堀川が整備され、熱田湊は建築資材や物資を補給する拠点になった。

江戸時代に入り、江戸と京都を結ぶ東西の幹線交通網として東海道が整備された。五十三次の一つ「宮宿（熱田宿）」（名古屋市熱田区）と「桑名宿」（三重県桑名市）を結ぶ「七里の渡し（宮の渡し）」は、東海道で唯一の海上路で、その名称は移動距離が約七里（約27〜28キロメートル）だったことに由来している。ただ、河川の土砂の流入や潮流で海底から運ばれる砂の堆積により、周辺は沖合まで沼のような泥地が続き、葦《あし》が生い茂る遠浅の海で、千石船《せんごくぶね》などの大型船は出入りができなかった。

五十三次名所図会　四十三　桑名
（歌川広重画、国立国会図書館蔵）

江戸時代にベストセラーとなった十返舎一九の『東海道中膝栗毛』において、弥次（弥次郎兵衛）さん、喜多（喜多八）さんが七里の渡しで桑名に向かう場面を、一九は次のように描いている。

『宮重大根《みやしげだいこん》のふとしく立てし宮柱は、ふろふきの熱田の神の慈眼《みそなわ》す、七里のわたし浪ゆたかにして、来往の渡船難なく、桑名につきたる悦びのあまり、名物の焼蛤に、酒くみかはして……』（十返舎一九『東海道中膝栗毛（下）』、岩波文庫）

〈現代語訳　ふとしく（＝しっかりと）たてた宮柱は、宮重大根の長くまた太いのに似て、あつあつの風呂ふき大根じゃないけれど、熱田の神のみそなわす桑名航路は海上七里の波もやすらかで、往き来の渡船に海難のおそれなく、あこがれの桑名港に安着した喜びのあまり、名物の焼蛤を肴に酒を酌みかわして……〉（伊馬春部『現代語訳　東海道中膝栗毛（下）』、岩波現代文庫）

熱田湊は水深が浅いという港湾として致命的な欠点があったため、尾張と各地を結ぶ主要港にはなり得ず、江戸に送る主な物資は、半田や津、松坂といった港から運ばれるという時代が続いた。

(3) 苦難の歴史

江戸幕府は、200年以上にわたって鎖国を続けてきた。だが、18世紀後半以降は、異国船の来航が増え、開国を迫る動きが加速した。アメリカの東インド艦隊司令長官マシュー・ペリーは、蒸気船を配備した東インド艦隊を率いて1853年(嘉永6年)に浦賀沖に来航し、江戸幕府は翌1854年(嘉永7年)、アメリカと日米和親条約を結んだ。その後、イギリスやロシアと相次いで和親条約を結び、開国に踏み切ることになる。

明治維新後、本格的な貿易時代に入ったことを受け、名古屋の今後の発展を見据え、周辺で生産される陶磁器や織物などの特産品を運ぶため、大型船が停泊できる港を整備しようという機運が高まった。

当時の行政の長らは港を早急に整備する必要性を明治政府に訴えたが、熱田湊が天然の良港とはいえない地形的な問題を抱えていたことや、中央政府が東海道線建設用の資材陸揚げ港として武豊《たけとよ》港(愛知県武豊町)を重視していたことに加え、尾張徳川家の拠点だった名古屋に対する明治政府の冷ややかな姿勢が影響したのか、予算が認められることはなかった。対照的に、明治政府は、倒幕に協力的だった地域のインフラ整備を優先し、外国船が就航する港として、函館、下田、長崎などの港湾整備に予算を重点配分した。

こうした中、１８９２年（明治25年）に時任為基《ときとうためもと》が愛知県知事に就任してから事態は大きく動き始めた。

１８９４年（明治27年）に勃発した日清戦争は、名古屋地区の産業発展の原動力となった。熱田港を経由して兵器の原材料や完成品が輸送されたため、港湾整備の機運が急速に高まった。

１８９６年（明治29年）、名古屋市を中心とする県内の産業や交通インフラの実情から、熱田湾に一大港湾を造成する必要性を感じていた時任知事は「熱田湾築港計画」を提案し、７か年の工期で、港の建設に必要な費用約１９０万円（現在の貨幣価値で約72億円）を国からの補助金、県債、名古屋市の負担金などで賄う計画を立てたが、財政難を理由に国の補助は結局受けられず、地元の資金で港湾を整備する方針に舵《かじ》を切らざるを得なくなる。しかも、巨額の資金が必要な割に波及効果や恩恵が名古屋市など一部にしか行き渡らないといった見方も根強く、計画に反対する県会議員は少なくなかった。それでも時任知事の血を吐くような演説を受け、どうにか議案は可決された。

本格的な湾の建設工事は１８９８年（明治31年）に始まった。名古屋周辺の海域は前述の通り、沼地のような遠浅になっているため、オランダ人の技師を雇って近代土木の技術を駆使し、

名古屋港に入港する「ろせった丸（Rosetta）」（1906年）
（写真提供：名古屋港管理組合）

ヘドロを除去して水深を確保した上で岸壁を築くことにした。しかし、港の建設計画は度重なる水害や住民の反対に見舞われ、順風満帆とはいかなかった。

世論の潮目が変わったのは、1906年（明治39年）の大型巡航博覧会船「ろせった丸（Rosetta）」（総トン数3、876トン）の名古屋港への入港だった。もともと同船は名古屋港に立ち寄る計画はなく、武豊港や四日市港に寄港する予定だったが、県土木技師の奥田助七郎が「名古屋港にぜひ立ち寄って欲しい」と船長に直談判して実現させた。

最新の科学技術を搭載した船をこの目で見ようと、当時約30万人の名古屋市民のうち、十数万人が港に集まり、船内の展示物を見学したという。その後、「ろせった丸」の寄港に続き、三井物産の大型汽船「相川丸」（総トン数2,000トン）が石炭1,850トンを積んで入港したことで、市民の間でも港を整備すれば、大きな船が寄港して貿易が盛んになり、地域経済も潤うことが理解され、反対運動はほどなく沈静化していった。

当初、港湾建設は熱田港として進められていたが、1907年（明治40年）6月1日に熱田町が名古屋市に編入されたのを機に、名古屋港に改称された。浚渫《しゅんせつ》と埋め立てによって整備された名古屋港は、同年11月10日に正式に開港した。

（4）戦争の暗い影と復興

難産の末に開港した名古屋港には、外国航路の入港船が徐々に増えていった。1914年（大正3年）、第一次世界大戦が開戦すると、その余波で世界の海運業は停滞したが、戦禍に巻き込まれなかった日本の海運業は活況を呈し、名古屋港にも大型船が入港するようになった。

しかし、それ以降は逆に戦争が暗い影を落とすことになった。第二次世界大戦中は、民間の自由貿易が禁じられ、多くの船が軍用に転じたため、海運業は大きな打撃を受けた。戦後、連合国軍総司令部（ＧＨＱ）の支配下に置かれた名古屋港は、当初大型船の運航停止など厳しい制約が課せられたものの、１９４７年（昭和22年）に「輸出港」に指定され、民間貿易が許可された。

戦時中は停滞していた名古屋港が急成長するきっかけになったのは、１９５０年（昭和25年）の朝鮮戦争による特需だ。金融引き締め政策によって資金繰りが苦しくなっていた多くのメーカーが、輸出が増えたことで息を吹き返した。

翌１９５１年（昭和26年）には、名古屋港が「特定重要港湾」に指定され、名古屋港管理組合が設立された。国策として産業の高度化が進められる中、工業地帯建設に向け、東海製鉄（現日本製鉄名古屋製鉄所）、造船、電力、石油などの企業が相次いで進出し、基盤が整った。

貿易が盛んになるにつれて、岐阜県、三重県にも様々な工場が進出し、原料のアルミや鉄は地元で製造できるようになり、これらをもとに製品化して輸出するものづくりのサイクルが稼働することになった。

だが、良いことばかりが続くわけではない。１９５９年（昭和34年）９月26日、伊勢湾台風が中部地方を襲った。名古屋港でも護岸の決壊が起こり、各所が大きな被害を受け、我々に自然災害に強い港湾づくりという課題を突きつけた。

（5）コンテナ時代の到来

私は東京の一橋大学卒業後、大阪商船（現商船三井）に5年間勤務し、１９６１年（昭和36年）に父が経営する名港海運に入社した。最初に担当したのが「フォアマン」という貨物の船内積み付け計画を作成・履行する現場監督のような任務だった。当時の名古屋港は公共岸壁が少なく、艀《はしけ》と呼ばれる平底の船舶を活用し、沖合で船積卸作業を行うのが一般的だった。いかに効率的に作業を進めるかがフォアマンの腕の見せ所だった。

いったん船積卸作業が始まれば、終わるまで帰れない。艀の作業は時間と手間がかかるため、多くの人が新たな方法を模索していた。

海外事情に詳しい商船会社にいる大学の同期生たちは「これからはコンテナの時代になる」と予言していた。海上コンテナ輸送は、１９５６年（昭和31年）にアメリカのマルコム・マクリーンという陸運業者が58個のコンテナを積んで運航したのが始まりとされる。金属製の箱に貨物を積載して輸送するという発想自体が極めて斬新だった。

そのコンテナが世界の海上輸送で主役に躍り出るきっかけとなったのは、１９６０年代の規格の統一だ。それまでは人手に頼った積み下ろし作業が主流で、コンテナのサイズもまちまちで作業効率が悪かったが、規格が統一されたことで作業効率が劇的に変化し、物流コストも下がった。

名港海運に入社後、自分の目で海外のコンテナ事情を確認する必要があると思い、１９６６年（昭和41年）に会長だった父や会社の幹部らと一緒に海外視察に出かけ、デンマークの首都コペンハーゲンやオランダのロッテルダムなどの港で、コンテナの運用現場を見学した。コンテナ方式は極めて合理的な輸送手段で、近い将来、コンテナ時代が到来することを確信した。

見立ての通り、１９６０年代後半になると、コンテナが海上貨物輸送で幅を利かせるようになってきた。当時の運輸省（現国土交通省）も審議会を設置し、コンテナ導入に向けた造船産業の育成策の検討に着手した。審議会は「コンテナ７５０本を積む船が最も効率的」という答申を出した。コンテナは「ＴＥＵ（Twenty-foot Equivalent Unit ＝ 20フィートコンテナ換算）」という独特の単位を使う。20フィートは約6メートルで、１ＴＥＵは長さ約6メートル、幅約２・4メートル、高さ約2・6メートルの直方体をイメージしてもらえばいい。１ＴＥＵは約20トン積めるので、７５０本だと1万5、０００トン積めることになる。

この答申に沿って７５０本積みのコンテナ船が完成し、１９６８年（昭和43年）12月に、そのコンテナ第一号船が名古屋港に入港した。

ただ、このコンテナ船が入港するまでにいくつかの問題が立ちはだかった。コンテナに対応する設備を整備するには、巨額の資金が必要になる。すでに海外では、大手船会社と行政が協力し合い、各社の専用埠頭・ターミナルを築くのがスタンダードなやり方となっていた。

日本でも国主導による「公団方式」でのコンテナ埠頭整備が進められ、京浜と阪神は公団形式を採用して設立されたが、次点となった中京地区は設立が見送られた。その結果、コンテナ埠頭の整備が進まず、大都市圏の港湾の中で名古屋港だけが取り残されるリスクに直面していた。しかし、これまで地元主導で港を整備してきた名古屋港は、一般外航定期船の利用が原則であった金城ふ頭の外貿重量物岸壁をコンテナ専用船も利用できるようにして、最初のコンテナ船を入港させた。その後も公団方式を採らず、独自に名古屋港管理組合と国内船会社による「名古屋コンテナ埠頭（ＮＣＢ＝Nagoya Container Berth）」を設立し、飛島ふ頭をコンテナターミナルとして整備していった。

コンテナの積み下ろしに必要な可動式のガントリークレーンの設置でも苦労した。それまでは船は自分でクレーンを持っていて、それで荷物を積んだり下ろしたりしていたが、コンテナ船になると、専用のガントリークレーンを使って、岸壁にあるコンテナを揚げ積みする必要が出てくる。ガントリークレーンがないとそもそもコンテナ船が入港できないのだ。

ガントリークレーンは何百トンもあり、普通の岸壁だと倒壊する恐れがある。そのため、強度が十分な特殊な岸壁を作った上で、設置しなくてはならない。公団方式を採用しなかった名古屋港の場合、補助金も十分ではなかったが、関係者の協力で設備を整え、コンテナ船を受け入れることができた。

政府が決めたレールに乗らなくても、準備ができたということは、これまで苦労を重ねてきた名古屋港関係者の反骨精神の表れかもしれない。

コンテナを本格的に導入するには、港湾側の設備も抜本的に変える必要があった。それまでの港湾の物流は人力の荷役に依存していたため、岸壁のすぐそばに倉庫を設けていた。しかし、コンテナは、それ自体が倉庫の機能を果たすので、逆に倉庫が邪魔になる。代わりに広大なヤードを確保して、重量に耐え得る舗装をしなければならない。また、コンテナ荷役機器が大量に必要になる。同時に岸壁も強度を上げて、さらに長大なコンテナ荷役機器を設置し、大型船が接岸できる水深を確保しなければならない。こうした課題を一つ一つクリアしていった。

第2節　今日の名古屋港

(1) 名古屋港スタイルの確立

名古屋港の強みは何か。それは港湾関係者の協力体制が強固なことだろう。港湾の業務は、荷役だけでなく、倉庫、陸運、荷主の貨物を希望の場所から場所まで届けるための手配（フォワーディング）など多種多様だ。名古屋港の事業者はこれらを一貫して手がけ、荷主企業の様々なニーズに応えられる態勢が整備されており、顧客に対してアドバイザー的な役回りもこなすことができる。

全てのコンテナターミナルを統括管理し、物流情報を荷主企業や陸送事業者に適時に提供するサービス「名古屋港統一ターミナルシステム（Nagoya United Terminal System ＝ＮＵＴＳ）」（図１）は、こうした連携の強さを表す好例だ。

ＮＵＴＳは港運事業者の団体である名古屋港運協会のターミナル関係港運が開発し、名古屋港の全コンテナターミナルの共通システムとして運用されている。

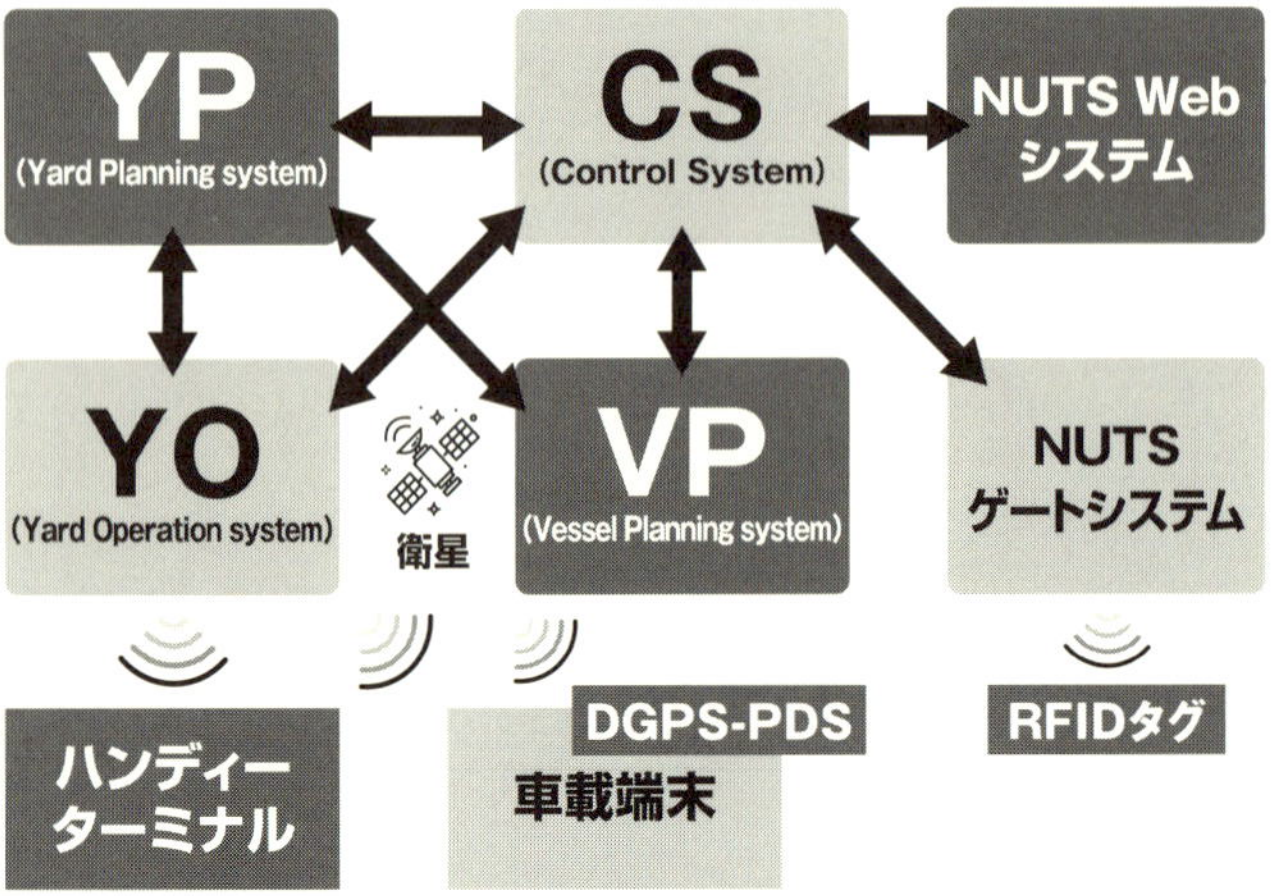

図1　名古屋港のコンテナ物流を支える基幹システム「NUTS（Nagoya United Terminal System）」　出所：NUTS 公式ウェブサイト

1999年（平成11年）に四つのターミナル（金城、飛島北、NCB、飛島南）に初期のNUTSが導入され、現在はウェブを通じて、輸入コンテナの事前審査、検査受付、搬入票の事前審査などがオンラインで実行できる。

順次、鍋田コンテナターミナル（NUCT）、飛島ふ頭南側コンテナターミナル（TCB）にも導入され、名古屋港の全コンテナターミナルが統一されたターミナルオペレーションシステムとして運用されるようになった。このシステムは、個別のターミナルオペレーターや物流業者が部分最適な観点でサービスを提供するのではなく、最初から港全体の効率を見据えたシステムとして共同開発された。

2007年（平成19年）には「新NUTS」

に更改され、実務者から寄せられる様々なニーズに対応して新機能を導入してきた。さらに集中管理ゲート、ＮＵＣＴ第3バースに対応し、現在では名古屋港コンテナ物流の基盤として必要不可欠になっている。システムは導入から20年を経て、２０２２年（令和4年）に抜本的な改修を行った。

港湾は公共性が高い社会インフラであり、港のユーザーの船会社、荷主などにとって使いやすい港でなければいけない。このため、関係者が協力しながら、より「カイゼン」を心がけているのが名古屋港の特徴であり、強みといえる。

ただ、こうした気風は、当初から意識して形成されたものではない。名古屋港は前述の通り、苦難の歴史を経て、地元が一致団結して作り上げてきた港なので、困っているもの同士が集まって助け合おうとする「相互扶助の精神」が自然発生的に醸成されてきたように思える。戦後の船会社が多くの船を保有していなかった時代には、船をできるだけ早く回転させて効率性を高めて収益を上げてきた。

例えば、1日で1、000トンの作業をするという契約を結び、貨物が1万トンあるとすれば、普通に作業していたら10日間かかる。作業が滞って12日間かかると、荷主は船会社に対し、2日分の超過保管料（デマレージ）を支払わないといけない。反対に8日間で終われば、今度は逆に船会社が荷主に早出料（デスパッチ）を払うことになる。2日早く船を出航させることができれば、船会社にとってその時間を他の収益機会に回せるメリットがあるためだ。

名古屋港の関係者は、スピーディーに荷揚げをしようと協力して取り組んだ。その結果、「名古屋港だと迅速に対応してくれて、船会社の運賃も安くなる」という評判を呼び、名古屋に貨物が集まるようになった。そうなると、仕事が増えて、名古屋港全体が潤うという好循環が生まれた。こうした成功体験が名古屋の港湾関係者に連帯感をもたらし、その精神はコンテナ時代になっても脈々と受け継がれている。

（2）名古屋港の魅力と地域振興

近年、名古屋港周辺にはアミューズメント施設が整備され、観光スポットとしても注目を集めてきた。前出のように名古屋港ガーデンふ頭の名古屋港水族館や、金城ふ頭に建設された「レゴランド・ジャパン」はじめ、「リニア・鉄道館～夢と想い出のミュージアム～」、ららぽーと名古屋みなとアクルスなどの大型施設がある。若者や家族連れにも人気のエリアとなっている。

２０２０年（令和2年）に新型コロナウイルスが国内でも猛威をふるい始める以前の２０１９年（平成31年／令和元年）までは、世界的にブームになっていたクルーズ船の誘致にも注力していた。クルーズ船の誘致は、地域経済の活性化につながるためで、関係者が誘致活動を熱心に勧めていた。しかし、２０２０年春に横浜港でクルーズ船「ダイヤモンド・プリンセス」の乗客が感染し、数人が命を落としたことを契機に潮目が変わり、数年間の停滞を余儀なくされた。

コロナ禍が終息した今、名古屋港においてもクルーズ船をどう呼び込むかが改めて重要な課題となっている。名古屋港は貨物に軸足を置いてきたため、もともとクルーズ船の寄港がそれほど多くない。例えば福岡港の場合中国からの観光客が多く、大きなクルーズ船は年間３００～３５０回程度、ほぼ毎日1隻が寄港していた計算だ。コロナ以前の名古屋港への寄港はその10分の1程度の年間35～40隻くらいで、まだまだ成長余力はありそうだ。

世界のクルーズ船で最大規模のものは、カリブ海を運航している1隻5、０００人乗りの船だが、２０１６年（平成28年）には、名古屋港にもアジアで就航する最大級の「クァンタム・オブ・ザ・シーズ」という4、１８０人乗りのクルーズ船が寄港していた。そのくらいの規模から3、０００人乗り程度の船の寄港が多かった。３、０００人程度の船が寄港すると、50人乗

アジアで就航する最大級のクルーズ船「クァンタム・オブ・ザ・シーズ」（写真提供：名古屋港管理組合）

りのバスを60台くらいチャーターする必要がある。名古屋をはじめ多くの日本の港は、中間港になるわけだが、バスに乗って片道1～2時間移動して、目的地で1～2時間過ごすとなると5～6時間のコースになる。一般的なパターンだと、早朝に寄港し、夕方には船に戻り、出港することになる。就寝中に移動して、翌朝は別の寄港地に到着するというのがクルーズ旅行の楽しみだ。

世界でこれまで人気を博してきたのは、カリブやアラスカなどを回るクルーズ船で、手軽な価格で日常的に頻繁に乗船できるツアーが多数ある。名古屋に寄港する場合、犬山城や名古屋城に向かうバス、ショッピングに出かけるバスなど方向が分かれることが多い。人気のあるスポットにはバスが５～10台並ぶことになる。

仮に、クルーズ客が大量に一か所に集まって渋滞が発生したり、通行止めになったりしたら、眉をひそめる市民が出てくるかもしれない。そういうことになれば、訪問した方も周囲も愉快ではないという状況になりかねない。名古屋においてクルーズ船の誘致を円滑に進めるためにも、市民が徐々に慣れるように、段階的に受け入れを拡大していくのが望ましいのではないだろうか。

第３節　名古屋港の成長戦略

(1)　持続的に発展していくためには

ウクライナ情勢やイスラエル・パレスチナ紛争に加え、米中の対立など、世界各地で分断が深刻になる中、グローバル社会の先行きは不透明だ。今後の名古屋港の成長戦略を考えることは容易ではない。

名古屋地区は、資源を輸入して高品質の製品を作って輸出し、それで得た資金で食料や石油、エネルギーを輸入して成り立っている。いわば日本の縮図であり、ものづくり産業の動向に大きな影響を受ける土地柄だ。基幹産業の自動車に目を向ければ、「電動化」「自働化」「コネクティッド」「シェアリング」などの技術革新が急速に進み、新しい競争ルールの下で熾烈な競争が始まっている。

まさに「100年に一度の変革期」を迎えて、生きるか死ぬかの瀬戸際にあり、予断を許さない状況にある。よく金融は経済の「血液」にたとえられるが、物流を担う我々は「血管」だと思っている。名古屋港の関係者は、日本経済を支えているという自負とプライドを持ちながら、利用者サイドの視点に立って、常に進化していかなければならない。

この20~30年の間、海外の港を視察してきたが、これまでは規模や能率で比較することが多かった。しかし、今は環境に対する意識が高くなっていると感じる。2015年（平成27年）9月の国連サミットで採択された「SDGs（持続可能な開発目標）」や世界的なカーボンニュートラルの動きも影響していると思うが、特に欧州やアメリカの西海岸でこうした問題への意識が高い。

国内でも港の競争力をつけるために、港の改造や埋め立て岸壁を作ろうとしても、地元住民などから自然破壊につながるとして必ず反対運動が起こる。とても悩ましい問題だ。もっとも名古屋港が環境問題に無関心なわけではない。２０１９年（平成31年／令和元年）から船舶の排ガスを巡る国際規制が強化され、硫黄酸化物（ＳＯｘ）関連の排出基準が従来の７分の１に厳格化された。

こうした流れを踏まえ、伊勢湾内では、環境負荷の小さい液化天然ガス（ＬＮＧ）を燃料にした「エコシップ」の普及を見越しつつ、周辺にＬＮＧ基地が集積している立地条件を生かし、燃料補給（バンカリング）拠点整備やＬＮＧ船の寄港を増やすための取り組みが進んでいる。名古屋港管理組合は同年４月に、ＬＮＧ燃料船などの入港料を全額免除する全国初のインセンティブ制度を創設した。東邦ガスと商船三井が合同でＬＮＧバンカリングの実証実験を行うなど、企業の活動も活発になっている。ＳＤＧｓの実現に寄与するため、伊勢湾全体で環境に優しい「港湾・物流活動のグリーン化」を推進していく考えだ。

カーボンニュートラルポート（ＣＮＰ）にも取り組んでいる。２０２１年（令和３年）10月の名古屋港利用者向けの懇談会で、水素エネルギーに関する勉強会を立ち上げた。この中で、温室効果ガスを一切排出しない水素をはじめとする次世代エネルギーの活用が、港湾においてもこれから必要になってくるという認識を共有することができた。一方で、脱炭素を過度に重視するあまり、二酸化炭素（CO_2）などを出すこと自体が罪悪のような風潮もあるが、CO_2をうまく吸収して活用するような技術開発も、これからは必要になってくるだろう。

（２）未来ビジョン

コロナ禍の影響で落ち込んでいた名古屋港の貨物量は、回復軌道にある。経済活動の一時的な停止の余波で影響を受けた２０２０年（令和２年）５～６月をボトムに、２０２２年下半期以降は、コロナ以前に戻りつつある。

名古屋港は「国際産業戦略港湾」の実現に向けて、たゆまぬ努力を続けている。飛島・鍋田両ふ頭に計13バース、ガントリークレーン29基を有したコンテナターミナルを整備したほか、コスト低減やリードタイムの短縮を実現するＩＴコンテナターミナルの整備、中国・アジア貨物を取り扱うコンテナターミナルの拡張など、需要に対応した設備の強化を進めている。

飛島ふ頭南側コンテナターミナルは、大型コンテナ船に対応する、水深16メートルの耐震強化岸壁を備えた高規格ターミナルとして整備している。日本初となる自動輸送台車（ＡＧＶ）や、遠隔自働ＲＴＧ（タイヤ式門型クレーン）を導入した自働化ターミナルで、運営は船社・港運・陸運10社の共同出資で設立した「飛島コンテナ埠頭株式会社」が行う。

飛島ふ頭の東側には、三つのコンテナターミナルが直列し、総延長２、２２０メートルと国内最長の直線コンテナターミナル群を構成している。

中央に位置するＮＣＢコンテナターミナルは、日本初の株式会社形式の国際海上ターミナルで、名古屋港管理組合と民間船会社が共同出資する「名古屋コンテナ埠頭」として出発した。２０１６年（平成28年）には船会社の資本はなくなったが、外貿コンテナ埠頭などの建設、管理運営を行う名古屋港埠頭株式会社が引き継ぎ、２０２２年（令和４年）10月には、Ｒ１岸壁が耐震強化・増深改良され、供用を開始するなど整備が進められている。

各ターミナルゲートでの搬入出手続きを集中管理ゲートに集約し、前述の名古屋港統一ターミナルシステム（ＮＵＴＳ）との連携で、ゲート処理の効率化を図る名古屋港独自の管理システムにより、コンテナトレーラーの渋滞緩和に効果を発揮している。

国土交通省が２０１８年（平成30年）に発表した向こう10年を見据えた「港湾の中長期政策『ＰＯＲＴ２０３０』」では、日本の港湾が果たす役割について、「コスト・スピード・安全性の面で高い水準の海上輸送サービスを提供し、我が国経済の国際競争力を強化するとともに、国民生活を向上させることである」と定義している。その上で、①地政学的な変化やグローバルな視点を意識する、②地域とともに考える、③「施設提供型」から「ソリューション提供型」に発展させる、④「賢く」使う、⑤港湾を「進化」させる――という五つの政策における基本的理念を掲げている。

中部地方の場合、製造業が集積していて、原料の油や鉄、石炭を輸入してそれを加工し素材にして、メーカーが集約して組み立てて自動車や飛行機などの最終製品になるという、1つのサイクルが完結しているだけに、⑤の港湾の「進化」には特に留意せねばなるまい。

岸田政権が2022年（令和4年）6月に閣議決定した骨太の方針は、「経済社会の構造を、変化に対してより強靱《きょうじん》で持続可能なものに変革する『新しい資本主義』の起動が求められる」とした上で、「水素・アンモニア、革新原子力、核融合などあらゆる選択肢を追求した研究開発・人材育成・産業基盤強化を進める。持続可能な航空燃料（SAF）を含む船舶・航空・陸上の輸送分野の脱炭素化を推進する」ことを掲げた。名古屋港においても、脱炭素をはじめとした環境への取り組みに加え、人工知能（AI）やIoT（身の周りのあらゆるモノがインターネットにつながる仕組み）などを実装した世界最高水準の港湾物流サービスを提供することが求められている。

サイバー攻撃への備えも喫緊の課題である。2023年（令和5年）7月、前述の名古屋港統一ターミナルシステム（ＮＵＴＳ）が、身代金要求型ウイルス（ランサムウェア）によって、我が国の港湾施設にとって初めてとなる大規模なサイバー攻撃にさらされた。

約２日半にわたりコンテナの搬入・搬出が止まるなど物流に大きな影響を及ぼし、関係者の方々にはご迷惑をおかけした。

しかし、全てのコンテナターミナルと抱合している統一システムだからこそ、関係者が一枚岩となって復旧に取り組み、約２日半で復旧させることができた。これはバックアップデータを残していたことに加え、名古屋港関係者による日頃からの連携力の賜物といえるのではないか。

現在も全国の港湾における同種事案の再発防止に向け、国土交通省を中心とした「コンテナターミナルにおける情報セキュリティ対策等検討委員会」が設置され、感染経路の原因究明や今後必要とされる情報セキュリティ対策・体制に関する議論が継続して行われている。

いくら安全なシステムを構築したとしても、それを利用する側の対策が不十分だと、簡単にサイバー攻撃の被害に遭ってしまう。二度とこのような事態が起こらないよう対策を講じなければならない。

◇

名古屋港は、日本の強みである「ものづくり」の精神を生かし、創意工夫をこらしながら成長していきたい。２０１９年（令和元年）に日本で開催されたラグビーワールドカップで奮闘した日本代表が掲げた「One Team（ワンチーム）」にならって、結束して前へどんどん進んでいくことが、日本経済の牽引につながると思っている。大事なのは、港湾といった狭い視点で捉えるのではなく、日本経済を港が背負っているという全体的な視点で考えることである。

一人の力では何もできないから助け合う。助け合ったら相手に感謝する。ラグビーで有名な「One for all, All for one（一人はみんなのために、みんなは一人のために）」の精神をもって、我々名古屋港の関係者は、地域の皆さんとともに価値を創造しながら前に進んでいきたい。

第2章　名古屋港とともに持続可能な成長を目指す「KUDO VISION」

衆議院議員　工藤彰三

第2章のPOINT

◆リニア中央新幹線が開通すれば、東名阪の3大都市圏は移動1時間圏内に収まり、人口約7、000万人を抱える世界屈指の「スーパー・メガリージョン」が誕生する

◆その中央に位置し、ものづくりの拠点が集積する中部地方の海の玄関口である名古屋港の役割は今後、ますます高まる

◆名古屋港は総取扱貨物量（約1億5、784万トン）が国内最大で、国際物流の結節点としても重要な存在。しかし、地元での認知度は低く、名古屋＝港町という意識も市民の間では希薄だ。東海地方の発展に欠かせない名古屋港の存在意義をもっと多くの人に知ってもらい、街づくりの核に位置づけていきたい

◆クリーン社会の実現のため、名古屋港をカーボンニュートラルポート（CNP）として整備していく必要がある。名古屋駅―名古屋港のアクセス向上、災害に強い港・地域づくりなどを含め、名古屋港の将来構想を「KUDO VISION」としてまとめた

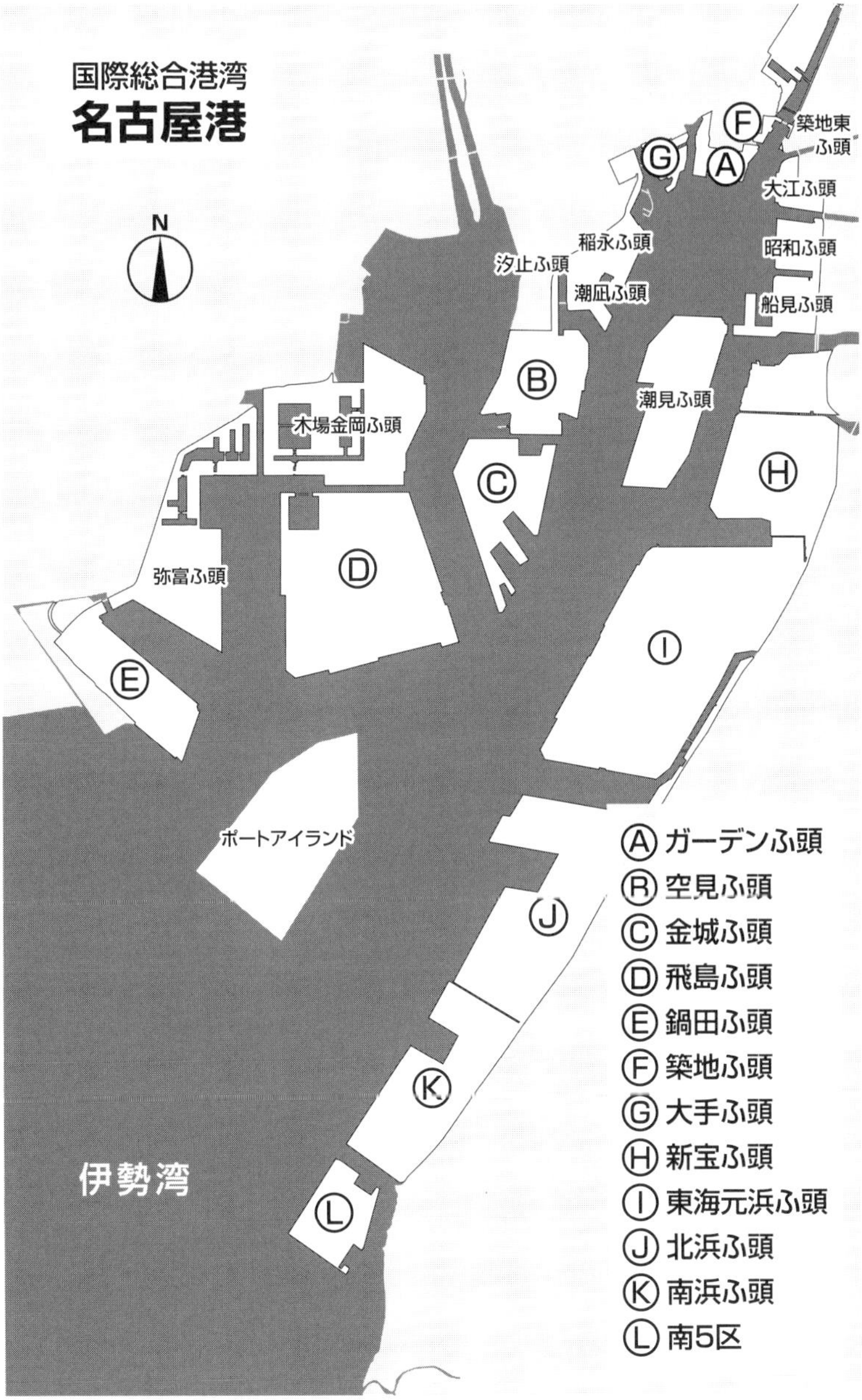
国際総合港湾
名古屋港
N
築地東ふ頭
大江ふ頭
昭和ふ頭
船見ふ頭
稲永ふ頭
汐止ふ頭
潮凪ふ頭
潮見ふ頭
木場金岡ふ頭
弥富ふ頭
ポートアイランド
伊勢湾
Ⓐ ガーデンふ頭
Ⓑ 空見ふ頭
Ⓒ 金城ふ頭
Ⓓ 飛島ふ頭
Ⓔ 鍋田ふ頭
Ⓕ 築地ふ頭
Ⓖ 大手ふ頭
Ⓗ 新宝ふ頭
Ⓘ 東海元浜ふ頭
Ⓙ 北浜ふ頭
Ⓚ 南浜ふ頭
Ⓛ 南5区

はじめに

ものづくりや貿易を支える港湾の国際競争力は、将来の国家の盛衰に直結する。元シンガポール首相のリー・クアンユーは、かつて「島国の経済レベルは、その国の港湾や空港のレベルを超えることはできない」と発言している。国内主要港湾の中でも、ものづくりの拠点が集積する中部地方の海の玄関口である名古屋港は別格の存在だ。取扱貨物量は国内最大で、広域な土地を有し、開発余力もある。

リニア中央新幹線が開通すれば、東京、名古屋、大阪は1時間圏内に収まる。三大都市圏の人口は約7、000万人に達し、世界でも類例のない巨大な都市圏「スーパー・メガリージョン」が誕生することになる。この三大都市圏の中心に位置する名古屋港の強みを最大限に引き出し、活用していくためにはどうすればいいか。名古屋港エリアを選挙区に抱える国会議員として、名古屋港の未来に関して、これまで温めてきた構想を述べたい。

第1節　名古屋港への思い

港は、有史以前からあったといわれている。日本は海に囲まれており、昔は「津」といったそうだ。港の語源は「波が静かな所」で、「天然の良港」という意味もあったという。確かに、長崎、博多、神戸、横浜、鳥羽（三重県）などは、陸の中に海が切れ込んでいる静かな所で、港は生活に欠かせない場所だった。

日本の港の中で一番の稼ぎ頭は名古屋港だ。しかし、「名古屋は港町か」と聞かれて、即座に「イエス」と答える名古屋市民は残念ながら少数派であろう。名古屋の場合は都市が急速に発展し、後から港が必要になって整備した経緯がある。古来より港町として発展してきた横浜や神戸とは成り立ちが異なり、地元での認知度が低いのは致し方ないのかもしれない。名古屋港管理組合が「みなと体験ツアー」参加者に行ったアンケート（２０２１年）によると、取扱貨物量が日本一であることを知っていた人は全体の58％と過半を超えていたが、陸地面積でも日本一であることを理解していた人はわずか７％だったという。

ただ、名古屋港の存在抜きにして、日本の経済は成り立たない。日本一の大港湾である名古屋港の真の実力、潜在力を愛知県民、名古屋市民はじめ多くの国民に知ってほしいという思いが、本書を発刊する動機であり、最大の目的であることをまず強調しておきたい。

（1）政治家としての原点

私は、日本中を熱狂させた東京オリンピック開催の余韻が残る１９６４年（昭和39年）12月に名古屋市熱田区で生まれた。区内には、地元で「熱田さん」の名で古くから親しまれている熱田神宮がある。太平洋戦争で軍事産業が集積していた名古屋は、米軍の集中攻撃で焼け野原となったが、戦後は各地から集まった人たちが力を合わせて復興を遂げた。

歴史と新しさが同居する熱田区で育った私が学生時代にのめり込んだのは野球だ。知人の勧めで進学した東海中学で、友人から野球部に誘われて入部した。地肩の強さがあり、遠投能力と速球が見込まれ、投手を務めた。東海高校時代は、１４４キロの速球を武器に甲子園を目指したが、部員はわずか11人。中京高校（現中京大附属中京高校）、東邦高校や享栄高校、愛工大名電高校など、全国区の強豪揃いの愛知県大会を戦い、ベスト8に進出できたことは今でも誇りに感じている。

父の恭弘（１９３４～２０１１年）は大分県別府市の出身で、転勤で名古屋に移り住み、縁あって１９６７年（昭和42年）４月、愛知県会議員に当選し、政界の道に入った。県議を１期務めた後、73年（昭和48年）９月から名古屋市議（熱田区選出）に転じ、８期連続で当選を果たし、94年（平成６年）５月から１年間、市議会議長を務めた。

私が物心ついた頃には、父は政治家として活動していた。地縁、血縁もなく、いつも厳しい選挙を戦っていたという印象が強い。私自身は政治家になるつもりは毛頭なかった。中央大学に進学後、中曽根内閣で内閣官房副長官を務めた地元選出の水平豊彦衆議院議員からお声がけいただき、議員会館に出入りするようになった。国の将来を見据えて、国民生活をより良くするために働く政治家に興味を持ち始めた。その後、片岡武司衆議院議員の国会事務所で勤務した。

政治家を志すにあたって念頭にあったのは、１９５９年（昭和34年）９月26日に東海地方を襲った伊勢湾台風のことだ。紀伊半島から東海地方が甚大な被害を受け、５、０００人を超える尊い命が奪われた。この教訓を踏まえ、「災害に強い街・名古屋をつくる」ことが政治家を志す原点となった。その後、名古屋に戻り、父の秘書として名古屋市政の舞台裏をつぶさに見る機会を得た。

正直言って、名古屋は、よその地域に比べて、かなり恵まれた環境にある。三大都市圏の一角で、名古屋市内に約233万人、愛知県内には約750万人の人口を抱える。東海道新幹線や東名、新東名などの高速道路網が充実している。臨海部や工業地帯があり、自然景観も良く、食文化も豊かだ。逆の見方をすれば、インフラを含めて、すでに整備されているので、地域一丸となった努力をしなくてもそこそこの快適さが得られる。しかし、こうした状況に安住していては、地域全体の底上げが停滞してしまう。今の良いところをさらに良くするという考えやアプローチが必要なのではないだろうか。東京から戻って、こういった印象を抱くようになった。地域住民の利害や思惑が交錯する地方政治は、永田町で見る風景とは異なり、政治の現場を学ぶ良い機会だったと思う。

引退した父の後を継ぐ形で2003年（平成15年）4月に市議会議員に初当選を果たした。当選が決まり、事務所に行くと、多くの支持者に迎えられた。遠くにいる人にも見えるようにと、父に促されてパイプ椅子の上に立った。支持者の皆さんを前に、「熱田を安心、安全の住みやすい町にし、皆さんに恩返しします」と宣言したことを今でも鮮明に記憶している。国政に転じた後もこの思いは変わっていない。選挙区の愛知県第4区（瑞穂区、熱田区、港区、南区）のうち、名古屋港に面する港区は「海抜ゼロメーター」の地域が多い。名古屋港を抱える地域を代表する国会議員として、名古屋港の災害対策を常に最重要課題に位置づけて行動している。

（２）日本経済を支える名古屋港

日本は海上輸送を中心に食料やエネルギー、素材を輸入し、消費するとともに、それを国内で製造・加工している。それに価値を上乗せした上で製品として海外に輸出することで経済を回している。まさに、日本国民にとって港は生命線ということである。

そして、貿易を通じたグローバルな経済活動の最前線では、各分野において厳しい国際競争にさらされている。その意味で物流コストを抑えることが競争戦略上、重要だ。

だが、ロシアのウクライナ侵攻により資源価格が高騰し、物流コストの増大につながっている。海・陸・空のコストを比較すると、陸上輸送は海上輸送の８倍、海上輸送と航空輸送では70～80倍の違いが出るといわれる。海上輸送が安いことが一目瞭然だが、海路と陸路を組み合わせた場合、料金の高い陸上輸送をどれだけ少なくできるかがカギを握る。

例えば、ロサンゼルスに荷物を運ぶ時に、トヨタ自動車やデンソーが中部圏の工場から名古屋港に運ぶのと、横浜港に運ぶのとでは、陸上輸送の料金が加わる分、大きな差が出ることになる。その一方で、海上料金はほぼ変わらない。つまり、名古屋港に運んでロサンゼルスに輸出した方が、圧倒的に安く済むということになる。

名古屋港が使い勝手がよく、主要港とつながる港湾として存在することが、地元企業の競争力の向上や業績アップに直結するということである。船会社の立場から考えても、荷物が集まらない港に入船させようとは思わないだろう。

水深が浅くて、大きな船が入港できない港の競争力は乏しい。昨今では、コンテナ船はますます巨大化しており、20フィート換算で8、000〜1万TEU（1TEU＝長さ約6メートル×幅約2・4メートル×高さ約2・6メートルの直方体）のコンテナ船が次第に主流になりつつある。しかし、この規模の船は、満載時には残念ながら今の名古屋港には入ることができない。国内で入港できるのは、神戸港と横浜港だけということになる。

大型コンテナ船が主流になると、名古屋港には何かのついでにしか船が入ってこないということになる。日本一の大港湾である名古屋港が、そのような体たらくでいいのか。名古屋市民や愛知県民の方々にこの問題意識を共有していただきたいと思っている。

（3）ハブ港湾整備の遅れ

国土交通省が２０１０年（平成22年）に発表した「国土交通省成長戦略」の中で、「港湾は海洋インフラの要であり、効率的で使い勝手の良い港湾の実現は、我が国成長にとって必要不可欠である。しかし、現状では、利用者にとって使い勝手が良くコストの安い港湾サービスが十分に実現しているとは言い難い。日本の海洋インフラは危機的状況にあると言わざるを得ない」と危機感を表明した。

その上で「港湾は戦略的に重要なインフラであり、各国が競い合ってより良い港湾サービスを提供しているのが実状である。そのような中にあって、我が国の港湾は国際的な競争力を失いつつある。今後、世界の成長を我が国に取り込んでいくためには、抜本的な改善策が求められている」と警鐘を鳴らした。こうした現状を打破するためには、海洋国家日本が持つ潜在的な強みを生かしながら、他国に伍していけるだけのハード・ソフト両面でのインフラ整備が欠かせない。

国交省は、①政策の大胆な選択と集中により、港湾インフラの使い勝手を国際的に競争力のある水準にまで引き上げる、②民間の知恵と創意工夫を導入するとともに、必要な制度改革・規制改革を行って、内航サービスも含めた港湾サービスの抜本的向上をはかっていく――ことを目標に掲げた。

国際競争力を失ったのは、我が国の港湾政策の不手際もあるが、アジア諸国が戦略的に港湾整備を進めてきたからだ。２０００年代以降、韓国の釜山港や中国の上海港などが相次いで整備されたことで、これらの港湾がコンテナ取扱量、大型船入港対応やコスト面において優位に立ち、国際物流拠点としての地位を確立していった。これに対し、以前はアジアを代表する港湾だった横浜港や神戸港は、国際コンテナの貨物取扱量で、上海、釜山、シンガポール、香港などの主要港の後塵を拝している。

日本の港湾は全般的に埠頭の水深が浅く、大型化するコンテナ船に対応した大水深岸壁の整備が遅れた。日本にハブ（拠点）港がなくなり、フィーダー（支線）港化すれば、メジャーな船会社は日本に寄港しなくなる懸念がある。

船会社はコンテナ船の大型化により運航のコストや時間を短縮するため、基幹航路で立ち寄る港湾を選別している。定期船もなくなり、スケジュールが不安定になり、時間もかかる。積み替えも多くなれば、物流コストも非常に高くつく。

仮に、名古屋からリゾートアイランドであるインドネシア・バリ島に空路で行くとしよう。直航便はないので、香港やシンガポールを経由して行くか、羽田空港や成田空港まで移動してから直航便でバリ島に行くしか方法はない。どちらにしても大変な時間のロスが生じる。名古屋からシンガポール、名古屋からバリのフライト時間はほぼ同じなので、直航便がないことでおそらく3、4時間はロスが生じ、費用も高くなる。

船も同様だ。直航便がないと、例えば、釜山港に運んで、船を積み替えて、バリ島に運ばなければならない。当然、積み替え料から港の使用料、時間も含めて負担は大きくなる。

荷物を積み替えて、全世界へあらゆる航路をネットワークするのがハブ港湾だ。他国に後れを取り、国内でハブ港湾を整備する必要性を痛感した政府は、日本の港湾予算を主要港に集中的に投入する構想を立案した。東京湾の京浜港、伊勢湾の名古屋・四日市港、大阪湾の阪神港の3港に予算を重点配分して、世界に通用する港を造ろうというのが、そもそもの狙いだった。

しかし、２００９年（平成21年）に民主党政権が誕生して潮目はがらりと変わった。公共事業などの無駄をなくそうという思いは自民党政権の時代からあったが、民主党が掲げた「コンクリートから人へ」「選択と集中」という大きな方針転換の中で、港湾もいわゆる「事業仕分け」の対象となった。自民党政権の下でスーパー中枢港湾を三つと考えていた構想が見直され、対象を一つ削ろうということになった。東京・横浜と大阪・神戸と名古屋・四日市が競り合った結果、名古屋・四日市は脱落することとなったのである。名古屋港にとっては残念だったが、その結果は予算にそのまま表れた。22年（令和4年）のコンテナ貨物量で名古屋港は世界ラン

表2　コンテナ貨物量上位20港と日本の主な港（2022年、速報値）

順位	港湾名（国名）	TEU
1	上海（中国）	47,303,000
2	シンガポール（シンガポール）	37,289,600
3	寧波（中国）	33,351,000
4	深圳（中国）	30,036,200
5	青島（中国）	25,670,000
6	広州（中国）	24,857,600
7	釜山（韓国）	22,078,195
8	天津（中国）	21,021,300
9	香港（中国）	16,685,000
10	ロッテルダム（オランダ）	14,455,000
11	ドバイ（アラブ首長国連邦）	13,970,000
12	アントワープ（ベルギー）	13,500,000
13	ポートケラン（マレーシア）	13,220,000
14	廈門（中国）	12,434,700
15	タンジュンペラパス（マレーシア）	10,512,800
16	ロサンゼルス（アメリカ）	9,911,155
17	ニューヨーク／ニュージャージー（アメリカ）	9,493,664
18	高雄（台湾）	9,491,575
19	ロングビーチ（アメリカ）	9,133,658
20	レムチャバン（タイ）	8,741,049
46	東京（日本）	4,430,000
70	横浜（日本）	2,979,595
72	神戸（日本）	2,890,672
78	名古屋（日本）	2,680,227
82	大阪（日本）	2,391,317

出所：Lloyd's List "TOP 100 PORTS"

キング78位にとどまり、中国の主要港に大きく水をあけられている（表2）。

日本の港湾は全国に９９３港あるが、大阪港、神戸港、東京港、川崎港、横浜港の5港で港湾予算の4割を使う。残りの９８８港で残りの6割を分け合っており、名古屋港は規模や実力に見合う予算が配分されていない。

名古屋港は、２００２年度より前は、年間１５０億円程度の予算を確保していた。名古屋港の整備が着々と進んでいったのは、そうした影響もある。それが、民主党政権下の２０１０年度から予算が半減してしまった。一方、京浜港、阪神港に投下される予算は桁が違う。潤沢な予算配分により京浜港と阪神港は巨大化し、特に横浜港の整備には目を見張るものがある。

新型コロナウイルス感染症の影響による世界的な国際海上コンテナ物流の混乱など、激変する国際物流情勢を踏まえ、国交省はこれまで進めてきた国際コンテナ戦略港湾政策をフォローアップし、今後の進め方について検討を行うため、２０２３年（令和5年）2月に「新しい国際コンテナ戦略港湾政策の進め方検討委員会」を設置した。同年6月に発表した中間とりまとめでは、２０２４年度から概ね5年間程度で取り組むべき基本方針として、①「集貨」「創貨」「競争力強化」の三本柱の取り組みを引き続き強力に推進、②国際基幹航路の維持・拡大に関する国・港湾管理者・港湾運営会社等と荷主との連携・協力体制を構築、③物流の

２０２４年問題[1]、労働力不足、脱炭素への対応など、新たな課題や要請を踏まえ、国際コンテナ物流のＤＸ[2]（デジタルトランスフォーメーション）、ＧＸ[3]（グリーントランスフォーメーション）を加速、④各種データの充実や、データ収集・分析の取組を強化――を示した。

また、政策目標として、「国際コンテナ戦略港湾において、北米・欧州航路をはじめ、中南米・アフリカ等多方面・多頻度の直航サービスを充実させることで、我が国のサプライチェーンの強靱化を図り、グローバルに展開する我が国立地企業のサプライチェーンマネジメントに貢献する」ことを掲げた。港湾戦略の巻き返しに期待したい。

（４）「どうする名古屋港」

名古屋港はもともと課題の多い港である。伊良湖《いらこ》の水道は狭く、しかも４つの信号所（金城、高潮防波堤東、高潮防波堤西、名古屋北。図２）がある。東行きと西行きに分けられ、アウトとインで分けられ、信号で止められる。それを越えても名古屋港の入り口で止められるため、２か所の関門をくぐり抜けないと、名古屋港にたどり着くことはできない。それほど手間暇をかけて名古屋港に巨大な船がやって来るのか、ということになる。

大型船が自由に往来できない、予算もない、そして、今後、航路が減るようなことがあれば、地元経済界にとっては死活問題になる。まずは、地元が中心となって、改善策を考えていく必要があるのではないだろうか。国内一の稼ぎ頭（19頁参照）の名古屋港が競争力を失うということは、日本経済への影響も甚大だ。何とかして、大型船に気持ち良く入ってきてもらえる名

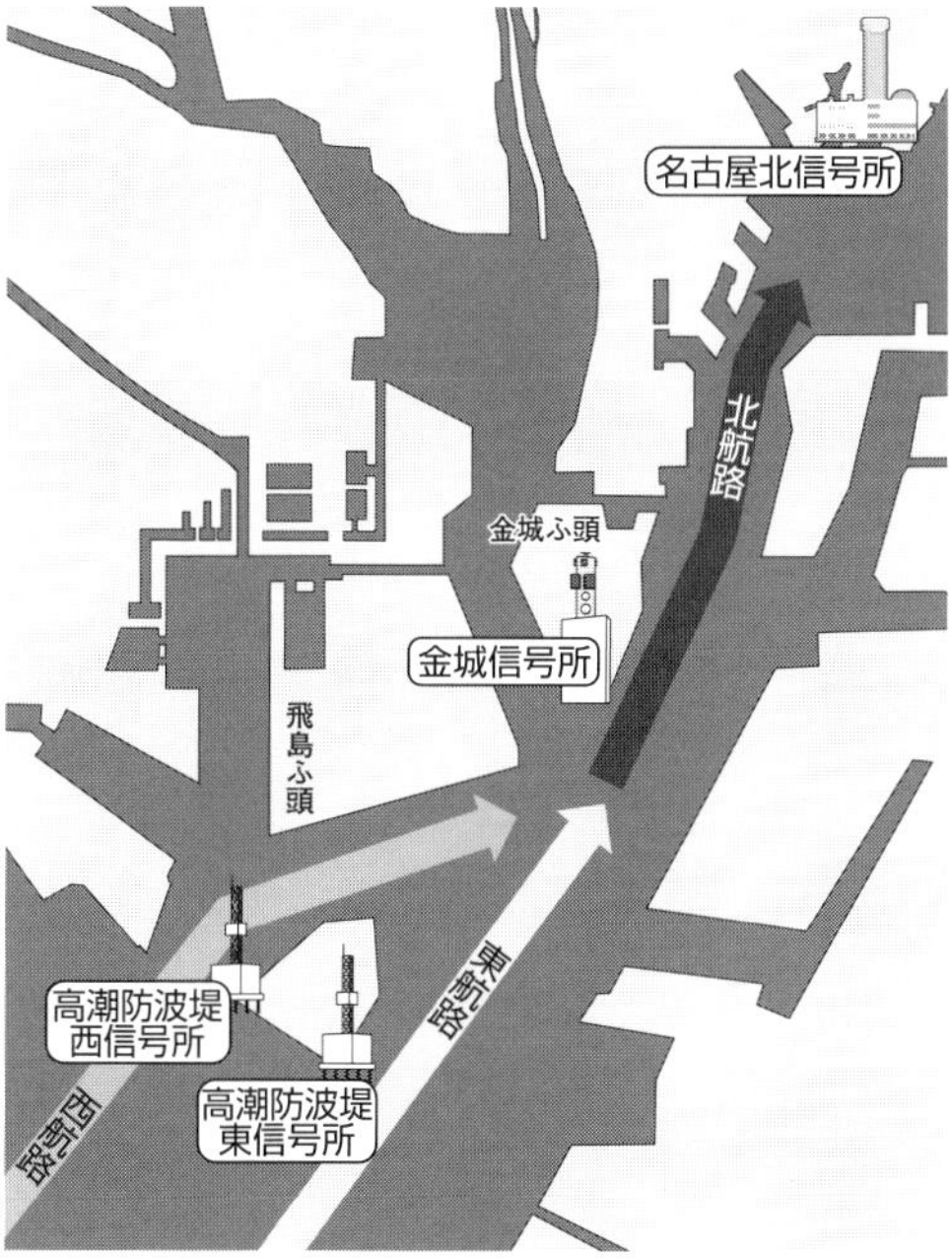

図２　名古屋港の出入港管制（信号所）

古屋港にしていくことが、とても重要なことになる。

港湾予算の4割を京浜港と阪神港に集中的に投入し、何とか世界の主要港に追いつこうという発想は、決して間違いではない。財源が限られる中では、あるべき姿だが、そもそも港湾関係の総予算が十分とはいえない点は指摘しておかなければならない。道路や河川に比べても10分の1程度しかなく、非常に細い。

また、名古屋港には、超大型のコンテナ船が入れる岸壁がない。これは今後の名古屋港の成長を妨げることになる。設置する場所は何か所かあるので、知恵の出し方次第だ。

こうした課題を抱える名古屋港の将来をどうするべきか——。名古屋港管理組合と国土交通省中部地方整備局が2023年（令和5年）9月に学識経験者、行政、トヨタ自動車などの利用者らを招き、名古屋港全体の将来像を検討する「名古屋港の将来を考える会」（座長・秀島栄三名古屋工業大大学院工学研究科教授）を設置した。23年度内に3回の会合を開き、24年（令和6年）3月に意見をとりまとめた。参考になるので、会合で出された委員の意見を紹介したい。

まず、名古屋港の将来を考える上で、①アジアの成長を牽引する中部圏を支える名古屋港のあり方の視点、②名古屋港が持続的発展・進化するための戦略的な視点、③名古屋港のさらなる再編、適正な機能配置の視点——という3つの視点が確認されたという。

その上で、委員からは「輸出入や取扱い貨物の状況等から、名古屋港の国内港湾における位置付けを改めて整理することが必要」「名古屋港はカーボンニュートラルポートの一大拠点となるポテンシャルがある。利用者に選ばれるために、脱炭素などで先端を走る取り組みが必要」「交通拠点開発を進めることは、名古屋港のブランド価値向上やビジネス機会創出、地域活性化につながる。ガーデンふ頭や金城ふ頭などにおいて、都市機能と調和する創出が必要」といった意見が出された。とりまとめでは、名古屋港について、日本のゲートウェイとして基幹物流の結節点となることや、脱炭素化の促進、次世代産業の集積、街のにぎわい向上への貢献を目指すことが掲げられた。また、交流促進のために、ガーデンふ頭は新たな「港の玄関口」として整備することが望ましいと結論づけた。中部地方整備局と名古屋港管理組合は24年度から2年かけて検討する長期構想に反映するという。私自身の考えと重なる部分も多く、今後の議論を注視したい。

名古屋港の未来についてのアイデアは官民含めて豊富に持っているはずだ。それらを制度的にどう上手く汲み上げて、活用していくかが政治のテーマであろう。単に国の予算配分の枠組みに依存するのではなく、何が必要でどうすべきか。名古屋港を活用している方々の意見や英知を結集した上で、リーダーシップを発揮して道筋を付けていきたいと考えている。

注

（1）物流の２０２４年問題＝長時間労働を是正する働き方改革関連法が２０２４年4月からトラック運転手にも適用され、人手不足で輸送力の低下が懸念されている問題の総称。トラック運転手の時間外労働（残業）の上限は年９６０時間に制限され、一人当たりの走行距離が短くなり、長距離でモノが運べなくなると懸念されている。政府は、何も対策を講じなければ、輸送力は24年度に14％、30年度には34％不足すると推計している。

（2）ＤＸ（デジタルトランスフォーメーション）＝デジタル技術を活用し、業務の効率化や組織のあり方を抜本的に変革させること。デジタル（Digital）の頭文字「Ｄ」と、変革（Transformation）の前部の「Trans」を「Ｘ」と略すことから、ＤＸと記されることが多い。

（3）ＧＸ（グリーントランスフォーメーション）＝化石燃料をできるだけ使わず、太陽光や水素など自然環境に負荷の少ないクリーンなエネルギーを活用していくための変革や、その実現に向けた活動のこと。

第2節　カーボンニュートラルポート（CNP）への挑戦

(1) 高まる脱炭素の機運

名古屋港の持続可能な未来を考える上で欠かせないのが、脱炭素への取り組みである。

人類が地球温暖化を深刻に捉えた結果として、脱炭素の動きが加速したのは、２０１５年（平成27年）に採択されたパリ協定[4]が一つの契機となっている。協定では、世界共通の長期目標として、産業革命前からの平均気温の上昇を２℃より十分下方に保持することを掲げた。これに向け、今世紀後半に、温室効果ガスの人為的な排出と吸収のバランスを達成できるように排出のピークをできるだけ早期に抑え、最新の科学に従って急激に削減することとした。また、各国に対し、削減目標を達成するための国内対策を講じることを求め、削減目標を5年ごとに提出・更新し、より前進を示すよう要請した。

日本においては、菅義偉《すがよしひで》首相（当時）が２０２０年（令和2年）10月の所信表明演説で、

２０５０年のカーボンニュートラル（温室効果ガスの排出を全体としてゼロにすること）を宣言したことで動きが一気に加速した。

菅首相は「成長戦略の柱に経済と環境の好循環を掲げて、グリーン社会の実現に最大限注力していく」とした上で、「もはや、温暖化への対応は、経済成長の制約条件ではない。積極的に温暖化対策を行うことが、産業構造や経済社会の変革をもたらし、大きな成長につながるという発想の転換が必要だ」と述べた。

２０２１年（令和3年）10月に発足した岸田政権においても、この「カーボンニュートラル宣言」の方針は継承されている。岸田文雄首相は総選挙後の同年12月に召集された臨時国会の所信表明演説で「人類共通の課題である気候変動問題。この社会課題を、新たな市場を生む成長分野へと大きく転換していく。２０５０年カーボンニュートラルと30年度の46％排出削減の実現に向け、再エネ最大限導入のための規制の見直しやクリーンエネルギー分野への大胆な投資を進める」と述べた。

加えて、「目標実現には、社会のあらゆる分野を電化させることが必要だ。その肝となる、送配電網のバージョンアップ、蓄電池の導入拡大などの投資、火力発電のゼロエミッション化に向け、アンモニアや水素への燃料転換を進める」と高らかに宣言した。

（２）水素社会推進議員連盟への参加

カーボンニュートラルのカギを握るのは、様々な資源からつくることができ、温室効果ガスの排出を大きく削減できる水素だ。燃やしても二酸化炭素（CO_2）を出さない水素は「夢の燃料」「究極のエネルギー」と呼ばれてきた。私と水素の出合いは、２０１２年（平成24年）に当選してすぐ、先輩議員から燃料電池自動車（ＦＣＶ）を中心とした水素社会実現を促進する研究会を立ち上げるので、一緒にやらないかとお声がけいただいたのがきっかけだ。

発足当初の会長は、後に東京都知事に転じる小池百合子さんだった。その後、小渕優子元経済産業大臣が組織を引き継ぎ、「水素社会推進議員連盟」（以下、水素議連）に改組した。初期の頃は、国会議員５人だけのスタートで、私自身、水素エネルギーに関する知識は正直乏しかった。勉強を重ねていくにつれ、次第に日本にとって水素が必要なエネルギーだということを強く確信するようになった。水素の利活用に向けた関心は、各界各層で年々高まっており、水素議連のメンバーも総勢１００人を超える規模になり、スタート時とは隔世の感がある。

日本で水素に注目が集まる契機になったのが、２０１３年（平成25年）にトヨタ自動車が世

トヨタが2014年に販売開始したセダンタイプのFCV「MIRAI」
(写真提供:トヨタ自動車)

界初となる量産型のＦＣＶを発表したことだ。翌14年にセダンタイプの新型ＦＣＶを公開し、車名を「ＭＩＲＡＩ(ミライ)」と名づけた。

日本のエネルギー政策の基本方針は、安全性(Safety)を大前提とし、自給率(Energy Security)、経済効率性(Economic Efficiency)、環境適合性(Environment)を同時に達成する「Ｓ＋３Ｅ」を掲げている(図3)。こうした観点から見ても、環境保全とエネルギーセキュリティを両立させることができる水素は、日本にとって有益なエネルギーとなり得るのではないか。

日本は水素研究に関しては実は長い歴史を持っている。１９７０年代のオイルショック後に、日本の新エネルギー技術研究開発の長期計画として策定された「サンシャイン計画」の頃から官民が協力して水素の技術開発に取り組み始め、それに関連する様々な機器の開発で世界のトップを走ってきた。

水素は、電気を使って水から取り出すことができるほか、石油や天然ガスなどの化石燃料、メタノールやエタノール、下水汚泥、廃プラスチックなど、多様な資源から作ることができる。水素となる原料は様々な国から調達が可能で、しかも排出するのは水だけだ。環境とエネルギー自給率をともに解決する水素は、石油などの資源が乏しい日本にとって究極のエネルギーになり得る。経済安全保障の観点からも水素を活用する意義は大きい。

図３　水素エネルギー利活用の三つの視点
出所：経産省資源エネルギー庁資料

水素は直接的に電力分野の脱炭素化に貢献するだけではなく、余剰電力を水素に変換し、貯蔵することができるといった特徴も持つ。こうした技術を駆使すれば、再生エネルギーなど排出ゼロ（ゼロエミッション）の電源を最大限有効に活用できるだろう。

日本がこれまで培ってきた水素・燃料電池分野の

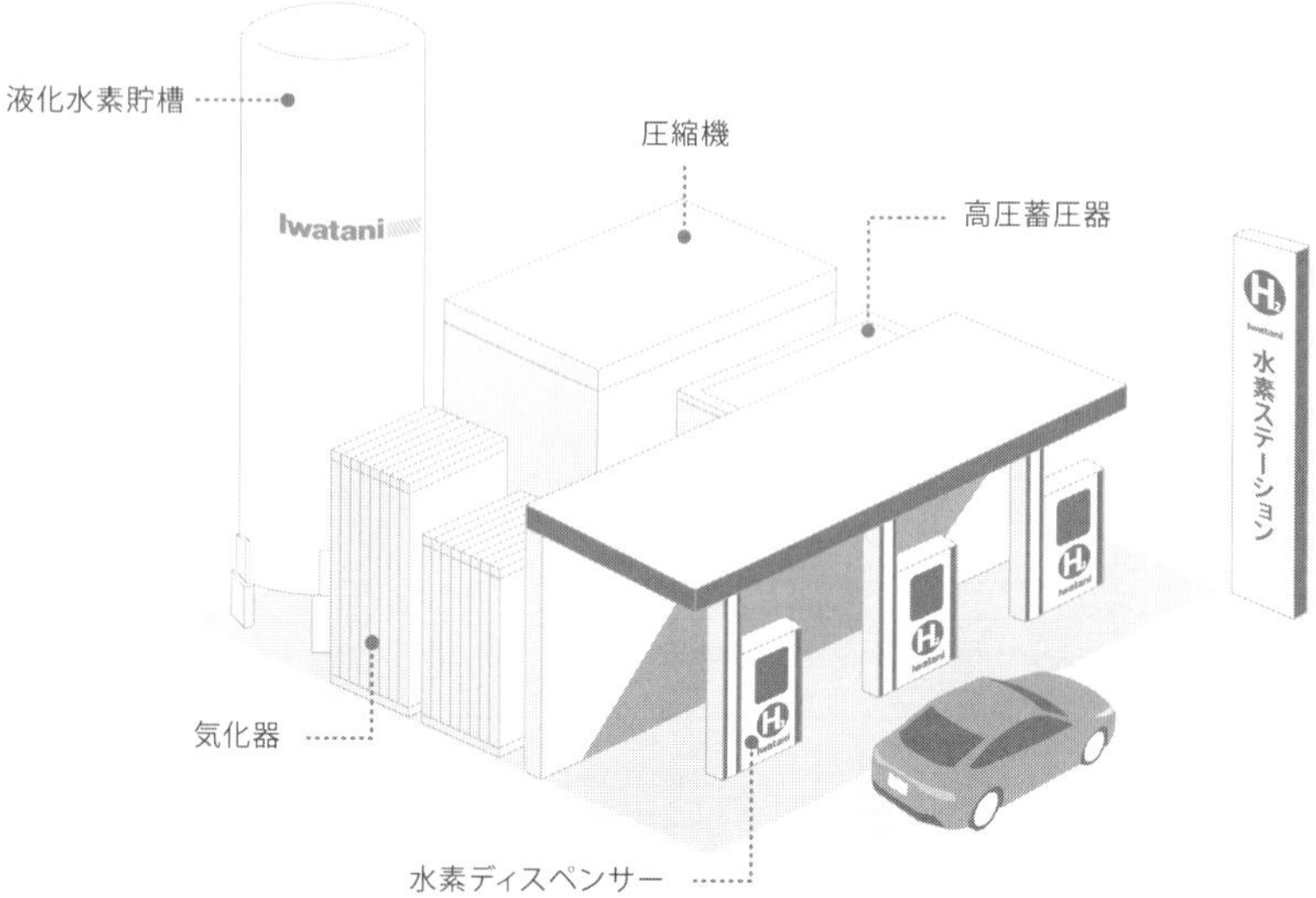

図4　水素ステーションのイメージ（写真提供：岩谷産業）

先進技術を伸ばすことで、産業競争力の強化にもつながる。水素エネルギーの利活用に当たっては、図3にあるようにエネルギーセキュリティや環境を含めた三つの視点が欠かせない。

(3) 水素燃料の課題

水素には課題も多い。水素は液化した際の熱量当たりの体積が低規格のC重油の約4・5倍と大きい。つまり、船で活用する場合は、船内に巨大な燃料貯蔵スペースが必要になる。また、液化するにはマイナス253℃に冷却しなければならない。さらに、供給インフラの整備も欠かせない。[5]

ＦＣＶの充てん施設である水素ステーションの数は、次世代自動車振興センターによると大都市圏を中心に１５２にとどまり（１５５頁参照）、道半ばの域を出ない。規制緩和も必要だ。水素を管理する人員の配置などで規制緩和の余地があると見ており、官庁の高い壁を突破するには政治主導で取り組まなければならない。

政府は２０２１年（令和３年）、脱炭素向けに総額で２兆円の基金を創設した。アメリカやドイツ、フランスなども水素だけで大型の投資計画を打ち出した。今後、国際的なルール作りが本格化する局面が遠からず、訪れると思う。ルール作りにおいて、欧州勢は主導権を取るのが巧みだ。「気づけば出遅れた」という事態だけは避けなければいけない。

⑷ 岸田首相らに提言書

水素議連は、これまで政府首脳らに水素利用の拡大に向けた提言を行ってきた。水素議連が働きかけた結果、岸田首相が議長を務める「ＧＸ（グリーントランスフォーメーション）実行会議」において、水素・アンモニアへの投資（10年間で官民合わせて7兆円超）が必要であることが確認されるなどの成果があった。

水素社会推進議員連盟の小渕優子会長から岸田文雄首相に、水素利用の拡大に向けた提言を手渡しする（2022 年 12 月 14 日）

水素議連は２０２２年（令和４年）12月14日に小渕会長らと首相官邸を訪ね、岸田首相に「ＧＸを加速する水素社会実現に向けた緊急提言」（１６３頁に全文）を手渡した。

提言では、エネルギー安全保障やカーボンニュートラルの観点から水素の利活用の重要性を強調した。なかでも提言の目玉は、国策である水素社会推進について法的な位置づけを明確にするため、政府として水素社会推進法（仮称）案を制定するよう求めた点だ。

日本は、２０１７年（平成29年）に「水素基本戦略」を世界で初めて策定し、水素に関する多くの技術でも先行してきたが、世界各国もエネルギー政策と産業政策の観点から日本を猛追している。「技術で勝ってビジネスで負ける」といったこれまでのパターンになってはいけない。小渕会長ら水素議連のメンバーは、一連の政府への働きかけの中で、こうした状況に対する危機感も伝え、国際議論や標準化の動きを我が国がリードすること、日本の技術的な優位性を確保するためにも研究・開発の支援を強化することをそれぞれ求めた。

小渕会長は「新たなエネルギーとして注目されている水素エネルギーですので、法案化に向けて前進していきます。ご支援をよろしくお願いします」と訴えた。これに対し、岸田首相からは「了解しました」という前向きのお言葉をいただいた。

エネルギー問題を所管する西村康稔経済産業大臣（当時）には２０２３年（令和５年）６月

表３「ＧＸを加速する水素社会実現に向けた提言」のポイント

水素社会の実現が重要な国策であることを示す水素社会推進法（仮称）を制定せよ
今後の水素社会の実現に向けた道筋を示し、需給一体での取り組みを加速化させること
GX 経済移行債を活用し、国内外における大規模かつ強靱なサプライチェーン構築に向け、世界に比肩する十分な支援額を確保せよ
大規模サプライチェーン構築にかかるリスクを官民で適切に分担し、ファイナンスの充実を図れ
欧米が巨額の支援を行う中、脱炭素とエネルギー安定供給の両立だけでなく、経済成長が実現できる「水素産業戦略」を策定し、水素基本戦略を構成する柱に位置づけよ
水素産業のカギとなる燃料電池スタック技術などの民間の大規模投資を後押しせよ
トラックをはじめとしたモビリティへの重点支援を行うこと

出所：175 頁掲載の提言書から抜粋して作成

西村康稔経済産業大臣にも提言の手渡しを行った（2023年6月2日）

２日、新たな提言「ＧＸを加速する水素社会実現に向けた提言～水素産業戦略の策定と水素社会推進法の実現に向けて～」（１７５頁に全文、表３）を渡した。前年の提言をさらに具体化し、水素社会推進法（仮称）案の早期の国会提出を要望したほか、供給網構築に向けた水素と既存燃料の価格差を支援する制度の創設を求めた。さらに合成燃料やＳＡＦ（持続可能な航空燃料）などの次世代燃料の早期開発・普及に向けた支援も併せて訴えた。欧州では、天然ガスとの価格差を補助する支援策に膨大な資金が投入されており、日本も大胆な支援策や民間投資を促す制度の創設が急務で、こうした施策の早期具体化にも言及した。

また、脱炭素とエネルギーの安定供給の両立を実現するだけではなく、経済成長にも結びつけるため、水素産業戦略を策定し、水素基本戦略の柱として位置づけることも訴えた。

西村大臣は「(今後予定している水素関連の支援措置は)かなりの金額になるため、しっかりとした法律は必要だ。(基準価格と参考価格の差額を補助する)値差支援制度などを含めた法案をできるだけ早期に作成する」と応じた。

提言を受けた経産省は、X(旧ツイッター)で、「西村大臣は、小渕会長をはじめとする#水素社会推進議員連盟の方々と会談。水素社会実現に向けた提言をいただきました。水素社会の実現に向け、日本が世界でリーダーシップを発揮していくべく、世界市場獲得に向け、水素基本戦略の具体化や産業競争力を向上への取り組みを加速化させます」と投稿した。西村大臣のリーダーシップに期待をかけた。

水素議連は2020年(令和2年)12月にも当時の梶山弘志経済産業大臣に提言を手渡している。その際、小渕会長が「多くの企業が水素事業に参入し始めた。FCV以外にも家庭用燃料電池など水素の利活用策は確実に広がっている」と報告した。私自身も脱炭素の流れを追い風に期待値が上がっていることを実感していた。

この時は、FCVや燃料電池バスの導入支援を引き続き行うとともに、商用車など新たなモ

いすゞ自動車藤沢工場で水素燃料電池を搭載したトラックに試乗した筆者（2023年５月８日）

ビリティや産業プロセスにおける水素活用に向けた技術開発や実証の推進も訴えた。水素社会実現に向けた取り組みの強化について、水素議連から「幅広いユーザーを巻き込んだ水素需要の拡大」として、モビリティや産業界での利用拡大に向けた支援が必要であることを強調したのを覚えている。

２０２３年（令和５年）５月８日には、水素議連のメンバーで神奈川県藤沢市のいすゞ自動車藤沢工場を訪れ、テストコースで水素を使った燃料電池を搭載したトラックに試乗した。

試乗したトラックは、いすゞの車体にトヨタ自動車の燃料電池を搭載した共同開発車で、わずか10分の充電で約２６０キロメートルの走行が可能だという。

走行時にCO_2を排出せず、脱炭素という点でも優れているのはもちろんだが、実際に運転してみると、従来のトラックと比べ振動、騒音が少なく、エンジンの駆動力も強かった。加速性能が優れており、高速道路においても一般車両と同じようにスムーズに合流できると感じた。さらに、座席の空間にゆとりがあり、乗り心地が快適であるのも大きな特徴で、長時間運転しても身体への負担が軽減されそうな印象を受けた。

環境にもドライバーにも優しい水素トラックが普及すれば、物流への影響が懸念される「2024年問題」（61頁参照）対策としても効果を発揮できるかもしれない。試乗会には、小渕会長が顧問を務める「トラック輸送振興議員連盟」のメンバーも参加した。

試乗会の後、トラック業界の関係者と意見交換会があり、トラック協会の代表から「トラックの燃料を巡っては、ガソリン、エタノール、メタンなどからディーゼルに至るまで様々な話が出たが、果たして水素に特化していいのか。不安が残る」「最低1万台を水素トラックに交換しなければ、車両の価格が下がらない。水素トラックを本格的に導入するに当たってどれだけ国の補助が得られるのか。その辺が見えてこないと、業界としては水素に踏み込めない」といった切実な意見が出された。

２０２２年（令和４年）９月６日には、水素議連の幹事が福島県田村市にあるトヨタグループの「デンソー福島」を訪問した。同社は車のエアコン関連製品などを手がけている。グループの中核企業であるトヨタ自動車が、デンソー福島のカーボンニュートラル工場に新たに開発した水素を製造する水電解装置を導入し、実証実験を進めている。水素の活用により工場から排出されるＣＯ$_2$を削減し、脱炭素社会の実現を目指すのが目的だ。将来的にエアコンの冷却器などの他の製造工程の熱源も全て水素に切り替える予定という。メンバーで電解装置をはじめ工場内を見学し、水素トラックとガソリンで走行するトラックを乗り比べた。

水電解装置は幅約５・８メートル、高さ約２・８メートルで、水を電気分解し水素を製造する。電気分解の際は、太陽光や風力など工場で作った再生可能エネルギー由来の電力を中心に使用しており、製造した水素は、工場から排出されるガスを無害化する炉の熱エネルギーとして１時間当たり約５キロリットル使う。余った水素は物流用トラックなどでの使用を予定しているという。

水素燃料電池の活用は自動車以外にも広がっている。名古屋市に本社を置くＪＲ東海は、水素燃料電池を活用した鉄道車両の走行試験を愛知県小牧市の研究施設で行っている。試験は、鉄道車両を模した装置を活用し、トヨタ自動車のＦＣＶに搭載されている燃料電池でモーターを回す。将来的には非電化区間の高山線などで運行中のディーゼル車と置き換え、CO_2排出を実質ゼロにして脱炭素に貢献したい考えだ。ただ、現状の技術では非電化区間に多い山間部の急勾配を走行できる出力はないという。JR東海は水素を燃やして動力にする水素エンジンの車両の導入も視野に入れている。営業運転までにはまだ時間がかかりそうだが、今後の進捗状況を注視したい。

水素社会の実現には、大量かつ安価な水素供給体制構築が欠かせない。水素の大量供給やコスト低減に向けた取り組みに加え、前項の「水素燃料の課題」で指摘した水素モビリティの普及に向けた水素ステーションの整備が重要になってくるだろう。

前述の通り、岸田首相も水素に熱い視線を注いできた。脱炭素社会を支える次世代クリーンエネルギーとして期待される水素をクリーンエネルギー戦略の柱に据え、早期の導入拡大に向けた支援策を打ち出すと表明した。

岸田首相は2022年（令和4年）4月9日、兵庫県神戸市の神戸港を訪れ、世界で初めて大規模な液化水素の海上輸送に成功した川崎重工業の運搬船「すいそ　ふろんてぃあ」を視察した。「すいそ　ふろんてぃあ」は21年12月、神戸港を出航。水分を多く含んだオーストラリアの石炭である褐炭から製造した水素ガスをマイナス253℃まで冷やして液化し、タンク内を同

「すいそ　ふろんてぃあ」(写真提供：川崎重工業)

図５　川崎重工グループが関わる水素関連製品群

じ温度に保って運搬して、それを神戸港の実証ターミナルにある貯蔵タンクに移し替えた。

川崎重工業は、その運んできた水素を使って発電し、実験段階ながら「つくる」「はこぶ」「ためる」「つかう」という一連の工程構築（図５）に成功した。この一連の実証事業を手がけているのは、川崎重工業や岩谷産業などで組織する「技術研究組合CO_2フリー水素サプライチェーン推進機構[7]（ＨｙＳＴＲＡ＝ハイストラ、東京都港区）」で、２０３０年頃の商用化を目指している。海外から運んだ水素を国内で発電用燃料として利用するための大きな実績となった。

視察後、岸田首相は「ウクライナ情勢を背景にエネルギー供給のあり方が大きく問われている。（事業の）成功は、カーボンニュートラルへの歩みを力強く後押ししていく」と称賛した。その上で、「脱炭素化には水素社会の構築が大きなカギになる。大胆な支援策を講じていきたい」と述べた。

注
（４）パリ協定＝２０１５年にフランスの首都パリで開かれた国際連合の会議でまとめられた、地球温暖化の対策に関する国際的なルール。約２５０年前の18世紀の産業革命の頃と比べて、世界の気温上昇を２℃より低く抑えることを目標に掲げている。協定参加国は、国連に対して、温室効果ガスの排出をどれくらい減らすかという目標を提出しており、全ての国が5年ごとに目標を見直す。ただ、目標を達成できなくても罰則はない。

（５）Ｃ重油＝重油は動粘度（粘度を密度で割って算出）の少ない順に、Ａ重油、Ｂ重油、Ｃ重油の３種類に分類される。Ｃ重油は、原油をガソリンや灯油などに分類して最後に残った燃料成分で、船舶用の大型ディーゼルエンジン、火力発電所などの燃料に使われている。不純物が多いため、環境への負荷が高いというデメリットがある。

（６）褐炭＝水分や不純物などを多く含む低品質の石炭のことで、世界各地に広く分布している。乾燥すると自然発火しやすいため輸送が難しく、これまでは発掘しても現地の火力発電所でしか利用されていなかった。

（７）技術研究組合ＣＯ$_2$フリー水素サプライチェーン推進機構（ＨｙＳＴＲＡ）＝ＣＯ$_2$フリー水素サプライチェーンの構築および商用化に向けて、褐炭を有効利用した水素製造から、輸送、貯蔵に至るまでの技術確立と実証を主目的として、岩谷産業、川崎重工業、シェルジャパン、電源開発（Ｊ－ＰＯＷＥＲ）の４社で設立。その後、丸紅、ＥＮＥＯＳ、川崎汽船が参画している。

第3節　KUDO VISION（工藤ビジョン）

名古屋港の強みを最大限に引き出し、さらにブラッシュアップしていくためにはどうすればいいか。名古屋港の今後の戦略や方向性、未開発の広大なポートアイランドの活用法、さらに名古屋駅から名古屋港につながる中川運河や港のにぎわいづくり、物流を円滑にするための道路網の整備など山積する課題に対し、これまでの私の政治活動を通じて構想を温めてきた、名古屋港の総合的な成長戦略「KUDO VISION」（工藤ビジョン）を紹介したい。

◇名古屋港「KUDO VISION（工藤ビジョン）」

①名古屋港を水素エネルギーの拠点に

生産から循環・輸送まで一気通貫の水素タウンを整備。カーボンニュートラルポート（CNP）としてクリーン化社会の実現に寄与する。

②人工島であるポートアイランドを巨大エネルギーの集積地に

潜在力がありながら未整備の人工島、ポートアイランドを巨大なエネルギーの集積地などとして活用する。

③名古屋駅から名古屋港へのアクセス改善

あおなみ線とライトレールの２系統体制に移行し、名古屋駅と名古屋港間のアクセスの飛躍的な向上を図る。

④中川運河を市民の憩いの場に

両岸を整備し、市民が集うおしゃれで環境に優しいエコタウンに転換させる。

⑤名古屋ポートタワー（仮称）を誘致

名古屋港全体を見渡せる展望施設を建設し、にぎわいスポットの中核に。

⑥災害に強く、人が住みたくなるエリアに

南海トラフ地震や高潮にも耐え得る防潮扉を整備し、安心、安全な街づくりを進める。

◇

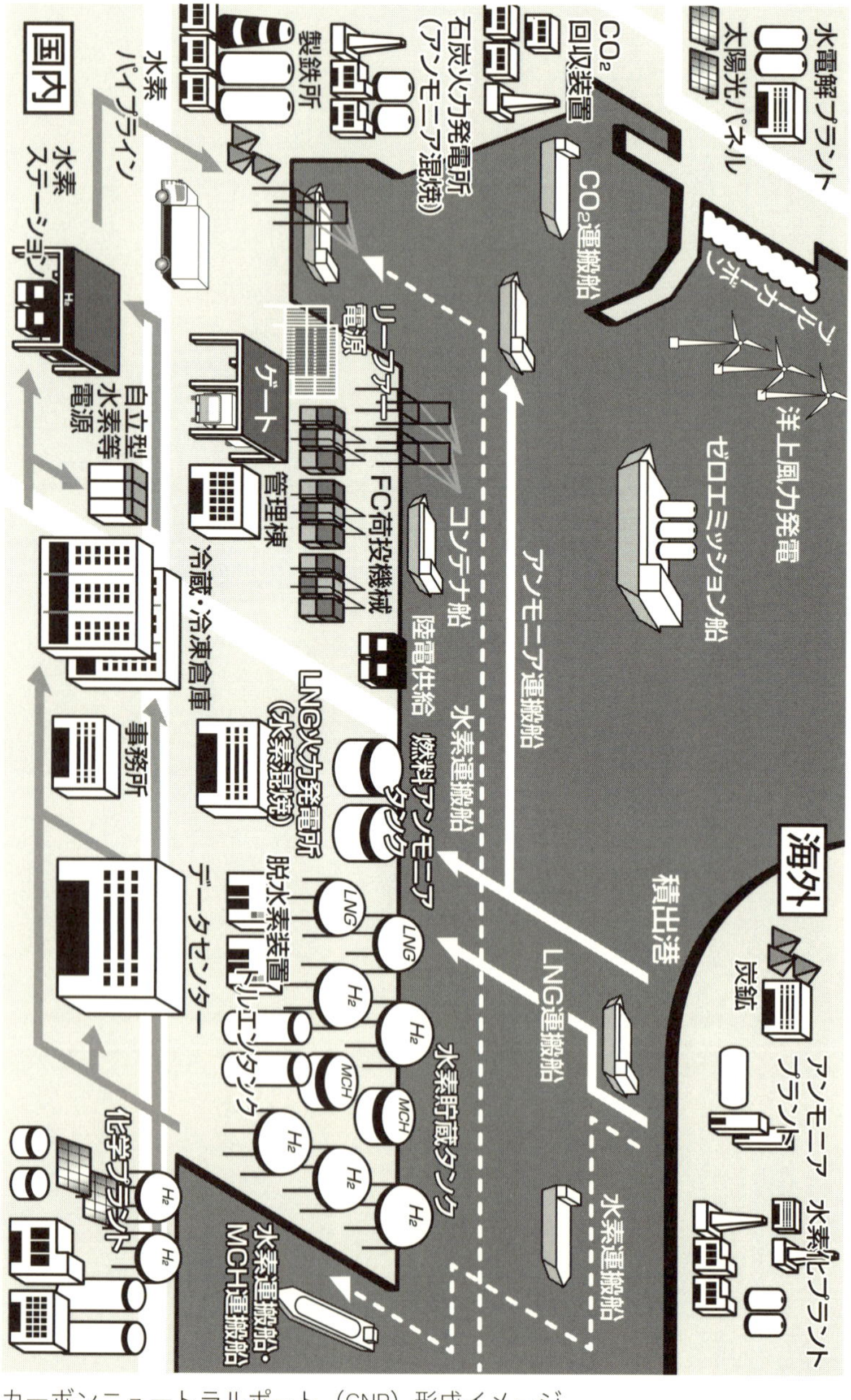

カーボンニュートラルポート（CNP）形成イメージ

出所：国土交通省資料

〈1〉名古屋港を水素エネルギーの拠点に

最初に掲げるのは、名古屋港を日本有数の水素エネルギー拠点として整備する構想だ。港湾は日本の輸出入貨物の99％以上を取り扱う物流の結節点であり、国際サプライチェーン（供給網）の重要な拠点でもある。

一方で、二酸化炭素（CO_2）の総排出量の約６割を占める発電所、製鉄所、化学工業などの施設は港湾エリアに集積している。世界的に脱炭素化に向けた動きが加速する中、CO_2排出量の多い港湾地区の取り組みは、喫緊の課題だ。ここで注目したいのが、水素やアンモニアの活用である。これらの物質は前述の通り、燃焼時にCO_2を排出しない究極のクリーンエネルギーといえる。

港湾エリアで水素などを積極的に活用しながら、輸入や生成を行う一大拠点として整備していく意義は大きい。とりわけ、名古屋港は日本列島の地理的中心に位置し、水素の拠点づくりのために広大な土地を確保することができるほか、例えば浜風を利用した風力発電から水素を生成して、そのエネルギーを集積して使用する先端モデル地区にもなり得るのではないだろうか。

国土交通省は、脱炭素化に配慮しながら港湾機能を充実させるカーボンニュートラルポート（ＣＮＰ）の取り組みを検討するため、２０２１年（令和３年）６月に有識者らで構成する「ＣＮＰの形成に向けた検討会」を開設した。同年10月に閣議決定した「エネルギー基本計画」においても「港湾における大量かつ安定・安価な水素やアンモニアなどの輸入受け入れ環境の整備や、臨海部に集積する産業との連携を通じて、温室効果ガスの排出を全体としてゼロにするＣＮＰの形成の実現を図る」ことが明記された。

さらに、国交省は、ＣＮＰを推進するため、港湾法を２０２２年（令和４年）11月に改正した。改正法はＣＮＰ形成の推進スキームを規定し、名古屋港管理組合など各地域の港湾管理者に対し、臨海部の事業者などを集めた協議会を設置して、取り組みの方向性や役割分担を議論し、「港湾脱炭素化推進計画」を策定することを求めた。

脱炭素化の取り組み効果を評価して対外的に示し、サプライチェーンの脱炭素化を目指す物流企業などを呼び込む狙いがあるようだ。

環境省のデータによると、中部地域（愛知、三重、岐阜、静岡）のCO_2排出量は７、２７２万トンで、全国の排出量（５億６、４３２万トン）の約13％を占めている。名古屋港周辺から排出されるCO_2量は年間約３、２８７万トン（２０１９年あるいは20年のデータをもとに算出）と推計されており、内訳を見ると、発電所や製鉄所、工場などの臨海部で3、225万トン、トラックなどの輸送車両といったターミナル内外を結ぶ物流を支える活動によるもので約46・7万トン、停泊中の船舶や荷役機械などターミナルが15・5万トンで、臨海部での排出が大半を占めている。港湾関係者だけでなく、周辺の立地企業と連携した取り組みが欠かせない。

■名古屋港の取り組み

一連の動きを先取りし、国交省中部地方整備局と名古屋港管理組合が事務局となって、トヨタ自動車、岩谷産業、出光興産、川崎重工業など水素に取り組んでいる主要企業が参加する「名古屋港カーボンニュートラルポート（CNP）検討会」が2021年1月に結成された。

技術革新に伴い、これからは車だけでなく、様々な製品の部品が変わる。工場だけでなく、産業構造も変化していく。水素エネルギーは、まだ研究段階でいくつもの課題はあるが、前述したように名古屋港で風力発電を活用して水素エネルギーをつくり、その水素エネルギーを循環させて輸送を行うプランが実現できれば、究極のエコモデルを構築することができるだろう。

また、名古屋港管理組合は、検討会の議論を踏まえ、前出の改正港湾法に対応した「名古屋港港湾脱炭素化推進計画」を24年（令和6年）3月に公表した（表4）。それによると、計画期

表4　名古屋港港湾脱炭素化推進計画のポイント

〈名古屋港の目指す方向性〉
地域のものづくり産業を強力に支援する 国際産業戦略港湾として、関係者の連携の下、 「ものづくり産業の成長と地域のカーボンニュートラル 実現の両立」に貢献していく
〈計画の対象範囲〉
臨港地区及び港湾区域内
〈計画期間〉
2050年まで

〈CO_2 排出量の推計〉	
2013年度	2021年度
約2,487万トン	約2,065万トン

〈CO_2 排出の目標〉	
中期（2030年度）	長期（2050年）
約1,343万トン (2013年度比46%減)	実質0トン

出所：名古屋港港湾脱炭素化推進計画の概要版をもとに作成

間を２０５０年まで、対象エリアを臨港地区と港湾区域内とした上で、名古屋港の目指す方向性について、地域のものづくり産業を強力に支援する国際産業戦略港湾として、ものづくり産業の成長と地域のカーボンニュートラル実現の両立に貢献していくことを掲げた。その上で、ターミナルにおける荷役機械の電化や燃料電池化、水素やアンモニア、合成メタンなどによるエネルギー転換を進めるとともに、これらのエネルギーを共同して大量・安定・安価に調達・利用できるよう取り組むことになった。計画の目標については、２０１３年度のCO_2の年間排出量約2、４８７万トンを30年度までに13年度比約46％減の1、３４３万トン、目標年の50年には実質ゼロを目指すことを明記した。

一方で名古屋港は、温室効果ガスの排出ゼロに向けて先駆的な取り組みを進めているアメリカ・ロサンゼルス港と環境面における協力で覚書を締結している。名古屋市はロサンゼルス市と姉妹都市の関係にもあるので、ロサンゼルス港での取り組みの知見・ノウハウを吸収することが大いに期待できる。

初期段階では、周辺住民が少ないエリアということが開発を進める上での利点となるが、将来的には、水素エネルギーによって街が機能するという近未来型のエコタウンモデル（水素タウン構想）を、名古屋港と中川運河のエリアで実現することも視野に入れていきたい。

再生可能エネルギーの分野で、水素を次の主軸エネルギーとして位置づけていくことへの理解は年々深まっていると思う。現状の電池自動車（ＥＶ）は、電池を充電するための電気が必要となる。その電気を、例えば火力発電所で作って大量のCO_2を排出するのであれば、ＥＶを普及させたとしても本末転倒であろう。まさに、電源構成や次世代の電池開発を見据えて、水素エネルギーの政策を展開していかなければならないのである。

水素エネルギー拠点としては、陸続きで交通の利便性が良い名古屋港北部エリアが候補地として最適だと考えている。水素はトラックやフォークリフトにも活用できるので、まずは、水素トラックの実用化を支援していきたい。既存のトラックのエンジンを積み替えするだけで水素化できるため、実用化できる日は近いと考えている。

私は、２０１４年（平成26年）末に市販された前出のトヨタ自動車の「ＭＩＲＡＩ（ミライ）」に試乗したことがある。燃料電池自動車（ＦＣＶ）は、燃料の水素と酸素を化学反応させて電気を作り、モーターを動かす。走行時には水しか出さない究極のエコカーだ。実際にミライに試乗して感じたのは、これまでのエコカーの枠を超えた走行性能の高さだ。アクセルを踏むと、大排気量の車に乗っているかのような加速感が得られた。コーナリング性能も高く、アップダウンが続く道でもぐいぐい走る。車内はハイブリッド車よりも静かで、完成度が高いと感じた。

２０２１年夏の東京オリンピック・パラリンピック競技大会でも、関係車両としてミライが大活躍したのも納得できる。

最近は水素船も登場してきている。電動車椅子や電動自転車の燃料が水素エネルギーに替われば、一般の方もより身近に感じられるかもしれない。ただ、水素ステーションなど燃料補給のインフラが整わないと、燃料電池車や水素を動力とする乗り物の普及は難しい。

水素ステーションは名古屋周辺で増えつつあるが、まだまだ不十分だ。一方で、需要サイドが育っていないのも事実だ。「ニワトリが先か卵が先か」の議論ではあるが、製造業が集積する名古屋においては、カーボンニュートラルに貢献していくためにも、需要と供給サイド双方の行動を喚起し、率先して水素エネルギーを普及させていかなければならない。

■廃プラから水素エネルギー

現在、実験を重ねている段階であるが、ごみとなったペットボトルや発泡スチロールなどの廃プラスチック類（以下、廃プラ）から水素エネルギーを取り出す技術がある。仮にこれを実用化できると、昨今、中国に輸出できなくなっているという廃プラの問題を名古屋港エリアが一手に引き受けることができるようになる。

国内では現在、神奈川県川崎市と素材大手のレゾナック（旧昭和電工ほか）がこの技術開発に取り組んでいる。廃プラの焼却場・水素プラントを整備すれば、水素エネルギー発電で地域に電気を供給することができる。しかも、廃プラを焼却して排出されるCO_2は、固形化すればドライアイスとして活用することもできる。名古屋市内だけでもドライアイスの需要は多いので、地産地消という意味でもメリットは大きい。

こうした中、岩谷産業、豊田通商、日揮ホールディングスの3社は2022年12月、廃プラガス化設備を活用した低炭素水素製造に関して、名古屋港近郊での協業を検討する基本合意書を締結した。

この事業は、21年末に国立研究開発法人 新エネルギー・産業技術総合開発機構（NEDO）の委託事業「水素社会構築技術開発事業／地域水素利活用技術開発／水素製造・利活用ポテンシャル調査」に採択され、調査を進めた結果、中部圏においては、廃プラの回収・水素製造・利活用のポテンシャルが高いことが明らかになったことから、3社で低炭素水素製造に向けた協業検討を行うことになった。3社は早期の水素製造開始を目標としている。

廃プラの活用により、脱炭素社会の実現に向け、水素を安定的かつ安価に供給することができ、CO_2排出量の削減が急務となっている発電所や各種モビリティ、港湾設備などにおける水素の利用促進、工場の脱炭素化が可能となる。３社は「本協業を通じて、水素エネルギー社会の実現に向けて水素の様々な分野の活用を推進し、脱炭素社会の実現や資源循環の促進に貢献したい」と説明している。

名古屋港が廃プラの拠点になれば、名古屋港を拠点とする企業はエコに貢献しているというコーポレートブランドの向上と、電気代が安くなるという二つのメリットを享受することができる。まさに環境と経済を両立させる好循環を生み出すことができ、水素はＷＩＮ－ＷＩＮの「夢のエネルギー」といってもいいだろう。

名古屋港エリアを物流とエネルギーの拠点として、どこの港や港湾都市も真似できない世界最先端の水素エネルギー都市を造成して、物流倉庫やビルなどの改築時は、全て水素エネルギーに転換していく。必然的に、バス、タクシーなどの公共交通機関や、役所関係の公用車は全て水素エネルギー車に切り替えていくことになるだろう。

名古屋港エリアに、水素エネルギータウンをつくるためには官民の協力が欠かせない。国の補助金を呼び込み、企業の協力・支援も受けながら、名古屋港エリアの水素エネルギー拠点を整備し、名古屋港を世界一のクリーンエネルギー港にしていきたい。

〈2〉人工島であるポートアイランドを巨大エネルギーの集積地に

名古屋港を含む伊勢湾には、いくつもの河川が注いでいる。名古屋港は、そのまま放置しておくと、流れ込んだ土砂が堆積して水深が浅くなり、大型船舶が出入りできなくなるという構造的な問題を抱える。このため、名古屋港の港湾機能を維持・強化するために定期的に浚渫《しゅんせつ》して水深を深くしておく必要があった。これに加え、水面の幅を十分に確保し、大規模な岸壁を整備する際にも大量の土砂が発生した。これらの受け皿として、1975年（昭和50年）からポートアイランドの造成が始まり、これまで1、100億円の費用がかかっているという。

ポートアイランドは、愛知県海部郡飛島村西浜の約1キロメートル南側、ちょうど名古屋港の入り口付近に位置し、上空から見ると、野球のホームベースに形が似ている。面積は約2・57平方キロメートルと、バンテリンドーム ナゴヤ（4万8、169平方メートル）53個分に相当する広さを誇り、積み上がった土砂の高さは16メートル以上に達している。土砂は何年も積み増しされているため、ポートアイランドだけでは収容しきれないことから、中部国際空港（セントレア）の沖に新たな土砂処分場の整備が進められている。

ポートアイランドの造成が始まった当初は、物流拠点やごみ埋め立て処分場としての活用な

空から見たポートアイランド（写真提供：名古屋港管理組合）

ど様々な構想が浮上したが、具体的な土地利用計画は現時点でも策定されていない。愛知県の所属未定地のままで、現在どの自治体にも属しておらず、国土交通省が管理している。広大な面積や立地条件を考えると、潜在力を秘めた貴重な開発空間といっていいだろう。どの自治体に帰属させるのかについては、国や愛知県、名古屋市などの関係自治体が期限を設けてできるだけ早期に決着させることが望ましいので、粘り強く働きかけていきたい。

ポートアイランドの利活用については、経済団体などが案を提示している。中部経済連合会が２０１６年（平成28年）４月に発表した「中部圏交通ネットワークビジョン」は、ポートアイランドについて「現在の名古屋港の港湾機能を飛躍的に高めるために有用な場所」と定義した上で、具体的な利用策については「コンテナターミナルやモータープール（駐車場）利用など、時代の要請に応じた施設の設置が望まれる」として、高潮防波堤の外側に当たる部分の補強措置や、飛島ふ頭や弥富市につながる臨港道路整備の必要性を提言している。

また、名古屋商工会議所も２０１８年（平成30年）３月に「名古屋港ポートアイランド　将来利用に向けた提言」を発表している。それによると、ポートアイランドの活用法について、①物流機能（高度な物流の拠点）、②産業機能（新産業・新エネルギーの拠点）③安全機能（中核的広域防災の拠点）、④交流機能（複合アミューズメントの拠点）、⑤環境機能（自然環境創出の拠点）――という五つの案が示されている。

①はコンテナ貨物量の大幅な増加傾向が今後も続き、ロジスティックハブの役割が拡大することを念頭に置いて、コンテナターミナルを中心とした高度な物流拠点としての利用、②は新しい産業やエネルギー産業の誘致先や、既存施設が拡大した場合の受け入れ先、③は大規模災害に備えた緊急・救援物資の保管場所や中継基地、④は複合アミューズメント施設に加え、海洋性レクリエーション施設としての利用、⑤は多様な生物の生息場所やウォーターフロントオアシス公園として利用するといった内容である。

前出の「名古屋港の将来を考える会」では、「ポートアイランドは、カーボンニュートラルの拠点やコンテナターミナルの将来展開用地のほか、港内の機能再編のための既存機能の移転先とするなど様々な可能性がある。シナリオを一つに絞るのではなく、形状やアクセスも含め、複合的・段階的に利活用する検討が必要である」との考えが示されている。

さらに２０２３年（令和5年）12月1日に開かれた第2回の会合では、委員から「基本的にはエネルギーを拠点としつつ、新産業による活用を視野に入れると良い」との提案や、新たな投資を呼び込める開発空間である点を積極的に発信するよう求める意見が出された。意見のとりまとめでは、ポートアイランドの活用策について、①コンテナターミナルの需要増加への対応、②次世代エネルギー拠点、③港内機能の再配置に伴う移転先などの案が例示された。

どれも検討に値するアイデアだと思う。だが、コロナ禍の影響などもあって、残念ながら議論は進んでいない。ＫＵＤＯ ＶＩＳＩＯＮでは、ポートアイランドの活用法として、巨大エネルギーの集積地か、集客できるような娯楽・レジャー・リゾート施設か何かを誘致することが望ましいと考えている。名古屋港の全てが理解できるような、港湾の人々の暮らしや仕事など、名古屋港の全体像を広く周知できるような「ポートテーマパーク」構想は、夢があり、ワクワクさせる。先端的な医療が集積するメディカルツーリズム構想も有力な選択肢だ。

悩ましいのは、ポートアイランドと陸地を橋やトンネルでつなぐ場合、工事費がいずれも1,500億円と巨額なことだ。橋を架けるには、クルーズ船などの超大型船舶が通過できるようにするため、65メートル程度の高さが必要となる。しかも、台風などの強風時に、橋梁の上を自動車が通過することは非常に危険で現実的ではない。地下トンネルでつなげるか、それとも埋め立てをさらに進めて接岸する案もあるだろう。

最近になってこれらの問題を解決する案として浮上しているのが、統合型リゾート（IR）関連事業としての活用である。IRはカジノ施設のほか、ホテルや劇場、展示場などのMICE施設[8]、ショッピングモールなどが集積する複合的な施設を指す。実は私のところに、ある外資系事業者から「ポートアイランドをIRで活用したい」という相談があった。彼らはすでに上空から視察しており、かなりの予算を用意している様子だった。ポートアイランドと陸地を結ぶ交通網も自前で整備することも視野に入れているという。

IRを巡ってはギャンブル依存症対策などの課題もあり、国民の間に様々な議論や意見があることは承知しているが、人口減少や経済規模の縮小に直面している日本にとってインバウンド（訪日外国人旅行）需要を取り込み、活力を与える一つの選択肢であることは間違いない。2018年にIR整備法[9]が成立し、23年4月に大阪府・大阪市の整備計画が初めて認定された。

大阪府・市以外にも北海道、千葉市、横浜市、和歌山県も誘致を検討したが、地元の反対などでトーンダウンしている。愛知県でも中部国際空港を抱える常滑市、名古屋港の金城ふ頭などが誘致に関心を示している。

政府は２０３０年に訪日外国人旅行者数を６、０００万人、訪日外国人による旅行消費額を15兆円とする目標を掲げている。この水準は、コロナ禍以前で最多だった２０１９年の年間約３、２００万人、約４・８兆円という水準をはるかに超える意欲的な目標である。この目標を達成する上で、ＩＲ事業が果たす役割は大きいと思う。

前出の外資系事業関係者は、ポートアイランドに関心を寄せる理由として、手つかずの状態で周辺に何もなく、フリーハンドで開発ができる点を評価しているようだった。例えば、広大な土地に滑走路を整備し、プライベートジェットが直接乗り入れられるようにしたり、中部国際空港から船で乗り付けたりすることも可能であろう。

いずれにしろ官民が一体となって、ポートアイランドを「宝の島」にしていけるよう早急に計画をとりまとめなければならない。その先頭に立って、ポートアイランドの有効活用に向けて尽力したい。

〈3〉名古屋駅から名古屋港へのアクセス改善

名古屋港エリアには、全国に誇れるアミューズメント施設が集積しつつある。その代表格がガーデンふ頭にある1992年（平成4年）開業の名古屋港水族館だ。展示されている海洋動物や魚類の種類が多くて、シャチもいるような大規模な水族館は国内でもここしかない。全国的な人気を集めている「よこはま動物園ズーラシア」（神奈川県横浜市）や「旭山動物園」（北海道旭川市）と比較しても遜色《そんしょく》はない。

金城ふ頭には、JR東海の「リニア・鉄道館～夢と想い出のミュージアム～」に加え、2017年（平成29年）4月にテーマパーク「レゴランド・ジャパン」が開園した。しかしながら、その実力、潜在的な集客能力の割には知名度が今一つだ。つまり、観光云々というよりも前に、そもそも市外に対するPRや売り込みが不十分で、素材を生かし切れてないと痛感している。

名古屋港にヒト・モノ・カネを呼び込むためには動線がいる。その打開策として、名古屋駅と名古屋港のアクセスをもう少し改善する必要がある。

名古屋港水族館のイルカパフォーマンス（写真提供：名古屋港管理組合）

リニア・鉄道館〜夢と想い出のミュージアム〜（写真提供：JR 東海）

■動く歩道の整備

まずその前段として、名古屋駅とその貨物駅跡地を再開発した「ささしまライブ」とのアクセスを改善しなくてはなるまい。「ささしまライブ」とは、名古屋駅南側に位置し、距離も駅から1キロメートル弱の地区で、都市再生特別地区に指定されており、愛知大学名古屋キャンパス、中京テレビ放送のほか、17年10月に、豊田通商、大和ハウス工業、名鉄不動産、日本土地建物などの企業グループにより開業したホテル「名古屋プリンスホテルスカイタワー」や、商業施設などが入る超高層ビル「グローバルゲート」の2棟が完成し、新しい街ができている。

最寄りの名古屋臨海高速鉄道あおなみ線のささしまライブ駅は、名古屋駅の一つ隣にあるが、距離が短いので、例えば、「動く歩道」で行き来できるようにも整備するのが最適ではないだろうか。

■ライトレールの誘致

ささしまライブ駅発着のライトレールトランジット(10)(軽量軌道交通)の新設もアクセス向上には欠かせない。あおなみ線とライトレールの2系統で名古屋駅と名古屋港地区を結べば、格段に利便性が増す。東京でいえば、羽田空港へ向かう手段として、京急品川駅から出発する京

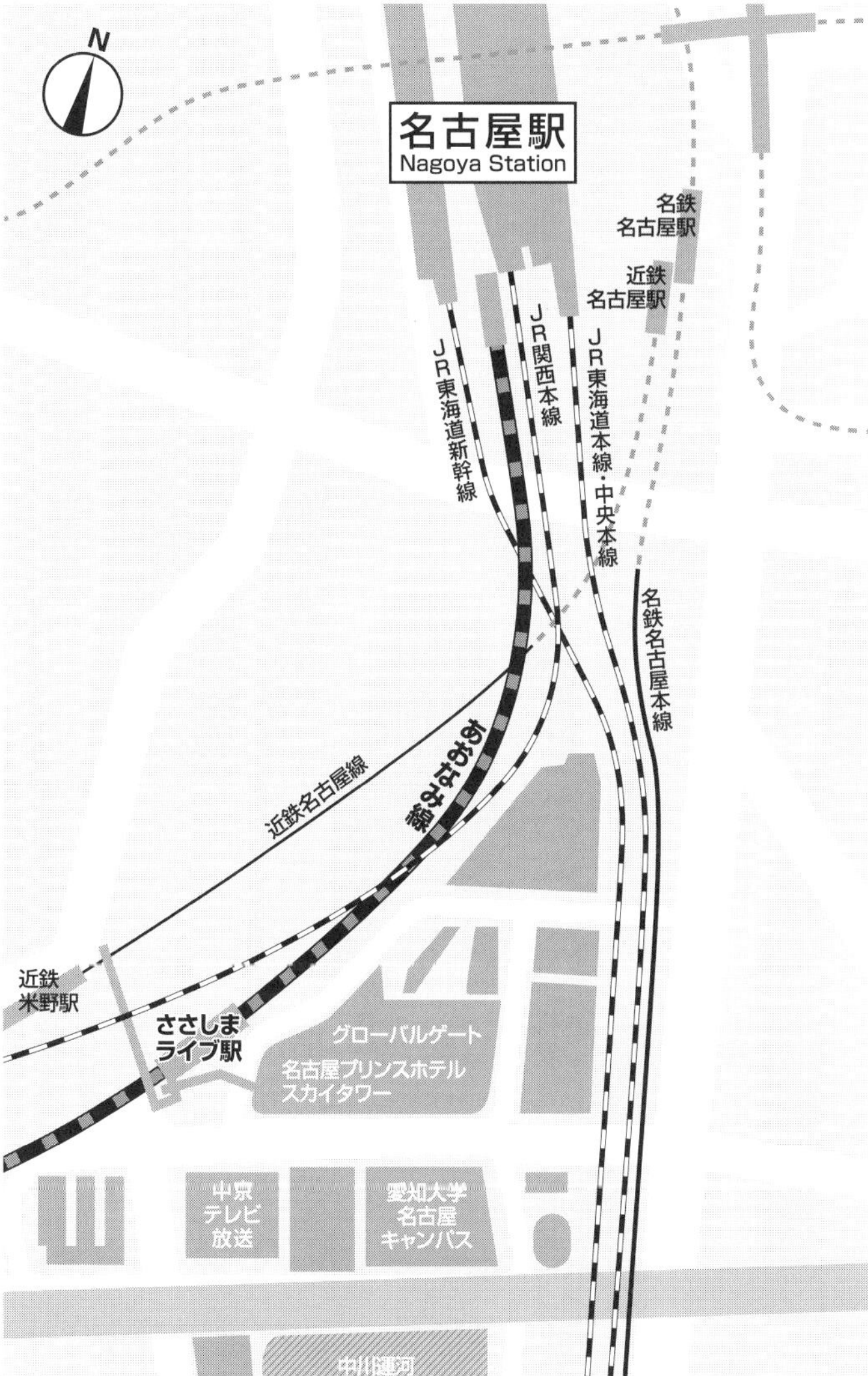

ささしまライブ駅と名古屋駅の周辺図

浜急行電鉄とＪＲ浜松町駅から出発するモノレールと二つあるようなイメージに近い。

料金は例えば、４００円程度で１日乗車券が活用できるゾーンにしてはどうだろうか。

名古屋駅からささしまライブ駅を経て名古屋港まで延伸することにより、ガーデンふ頭までがダイレクトにつながることになる。現状では、ガーデンふ頭に行くには金山駅を経由するしかないという懸案の課題の解決にもつながることになる。

ライトレールのイメージは、福岡県福岡市内を運行している西日本鉄道の連節バスに近いものを浮かべている。将来的には、南北を行き来するバスなどの公共交通は全て水素エネルギーに置き換え、利用者の高齢化を見据えたバリアフリーのユニバーサルデザインも採用することになるだろう。同時に時間帯ごとの需要に応じた弾力的

連節バス（写真提供：西日本鉄道）

なダイヤ編成も欠かせない。

〈4〉中川運河を市民の憩いの場に

次に、中川運河周辺のにぎわいづくりについて提言したい。中川運河は、日本の都心部では珍しく、国際水準の競艇を開催することができる水域を有する場所として着目されている。そういう意味では、水質さえ改善すれば、多様な活用方法が視野に入ってくることとなる。

中川運河の歴史を簡単に整理しておきたい。中川運河は、現在の名古屋駅から名古屋港の間に位置する。１９２６年（大正15年）に着工して、30年（昭和5年）に本線と北支線、32年（昭和7年）に東支線が開通して、全延長が８・２キロメートル、水深１・３メートル、幅は36～91メートルとなっている。

この中川運河の開発により、潮の干満の影響を受けずに河川の水位を一定に保つことができ、舟運の利便性が飛躍的に向上することとなった。最盛期には、名古屋港内本船に揚積されて、伊勢湾沿岸からは砂利、原木などが運搬されていた。昭和10年代で１００万トンから１５０万トンぐらいの取扱量で、最盛期の40年代前半になると、４００万トンを超える量を運搬した。

しかしながら、モータリゼーションの時代の到来に伴い、輸送はコンテナ化し、港湾荷役の形態が変化していくこととなった。そのため、艀輸送の役割は次第に低下した。現在では、原油や石油製品を運ぶために1日数隻が運搬する程度で、ピーク時の10％にまで減少している。もはや物流としては機能しておらず、完全に役割を終えた状態となっているが、水上交通としてならば再生できる可能性がわずかに残されている。

名古屋港水族館（年間来場者数約200万人）や熱田神宮（同約700万人）という多くの観光客が訪問する観光スポットが名古屋にはあるが、現状では、これらを周遊するための移動手段は電車・バス・自家用車ということになる。道路が混雑すれば、時間が読めないという課題もある。陸上輸送の代替手段として、中川運河、堀川、新堀川という水上交通の利用は検討に値するのではないだろうか。

名古屋港における「にぎわい」の拠点は、現状では、名古屋港水族館やシートレインランドが点在するガーデンふ頭と、国際展示場やレゴランド・ジャパン、リニア・鉄道館が立地する金城ふ頭がメーンだ。これに、中川運河周辺を整備して新たな「にぎわい」のスポットとして加えてはどうか。

中川運河に対する名古屋市民の印象だが、危険・汚いというイメージがあった。まずはこう

中川運河の街づくり構想
（出所：名古屋市・名古屋港管理組合「中川運河再生計画更新版」）

したマイナスイメージを払拭していかなければならない。まず、水質だが、運河の起点となるささしまライブ駅付近に超高度処理施設が稼働した結果、以前のようにボラが大量死するようなことはなくなり、着実に改善しているという。水鳥なども飛来するようになり、環境は格段に良くなっている。

次なる展開としては、市民が集いやすいような「オシャレスポット」にイメージチェンジを図っていきたい。

運河の左岸・右岸に、桜・楓・紅葉など、季節によって彩りを楽しめる樹木を植樹し、夜は、ライトアップやイルミネーションなども楽しめるようにしてはどうだろうか。そして、そのエリアに、プロムナードやショッピングモールを誘致したい。

鋳物メーカーである愛知ドビー（名古屋市中川区）の鋳物ホーロー鍋「バーミキュラ」を体験できる複合施設「バーミキュラビレッジ」が2019年（令和元年）末、ささしまライブ駅から1キロメートルほど南側の中川運河沿いにオープンした。

バーミキュラは高い密封性を有し、水を足さず素材の水分だけで煮込む「無水調理」ができることなどから全国的な人気となっており、バーミキュラを使った調理器「ライスポット」も評判が高い。バーミキュラビレッジは、購入前に製品を試すことができる旗艦店や、職人が製品を作る様子などが見学できる「スタジオエリア」と、バーミキュラ製品で作った料理を楽しむことができるレストランなどが入った「ダインエリア」の二つに分かれている。

愛知ドビーの土方邦裕《ひじかたくにひろ》社長は、幼い頃からなじみのある中川運河への思いが強く、名古屋市が定めた「中川運河にぎわいゾーンにぎわい創生プロジェクト」の対象地域だったことにも後押しされ、「バーミキュラビレッジ」を運河沿いにオープンすることになったという。

このような店が両岸の地域別にできてくると、かなり中川運河に対する市民のイメージが変わってくるだろう。また、トラックの駐車場や古い工場跡地の空き地・空き家が立ち並ぶエリアについては、地球温暖化対策を意識したソーラーパネル付きの一戸建てが立ち並ぶ、エコロジカルで環境に優しいミニスマートシティとして整備するのはどうだろうか。行政・企業・市民が新たな中川運河街づくり構想に一致結束して協力していけば、中川運河が東京のウォーターフロントに近づく日はそう遠くはない。その旗振り役を担っていきたい。

■ものづくり産業ゾーン

ＩＴ（情報技術）やものづくりベンチャーを担う若い人達が集いやすいエリアも創出したい。

中川運河周辺は町工場のような中小企業が多いため、基本的に大規模開発できるまとまった土地は少ない。特殊なものを誘致する必要があり、ものづくりベンチャーのスタートアップができるようにするのが良いのではないか。

そして、スタートアップ企業が開発した製品を名古屋大学や財界などを巻き込んで事業化しやすくするための環境整備を目指す。場所、知識、知恵などを出し合い、人工知能（ＡＩ）産業などとも結びつけて、新たな技術革新を支援したい。

歴史的にも、陶器と磁器、鋳物で賑わって発展したエリアであるが、芸術の拠点とか、何か全く違うアプローチの港を目指すのも一考かもしれない。

〈5〉名古屋ポートタワー（仮称）を誘致

名古屋港の眺望や夜景は素晴らしい。名古屋港が名古屋市民に認知されていない理由の一つとして、名古屋港を見渡せる高台がないということが挙げられる。横浜市には港を一望できるマリンタワーがあり、神戸市にはポートタワーがある。周辺のビルの高層化により、両タワーともかつてに比べれば存在感は低下しているかもしれないが、今も街のランドマークとして機能している。名古屋にも港全体を見渡せる外資系高級ホテルなどの高層タワーを誘致し、名古屋ポートタワー（仮称）として売り出したい。

政府の観光政策のテーマとして高級ホテルが不足しているという課題があるが、名古屋市はまさにそれに当てはまる。市は補助金を出して栄地区を再開発しているが、それと同様に、名古屋港エリアにも高級ホテルの誘致が必要だと考えている。

横浜港や神戸港には、街を象徴するようなホテルが多数存在しているが、名古屋港エリアには皆無である。２０２６年には第20回アジア競技大会が名古屋市を中心に開催される。スポーツ界にとっては東京オリンピック・パラリンピック競技大会に続く大きなイベントだ。これを機にアジアとの交流を一層深めつつ、外資系高級ホテルの上層階にレストランも兼ねた展望エリアを作り、ランチやディナーを楽しみながら名古屋港を見渡せるようにしたい。

名古屋港に、前述したテーマパークと三ツ星クラスのホテルを誘致すれば、新たな需要と可能性が生まれてくるのではないだろうかと考えている。そのためにも、名古屋駅と名古屋港を直結する動線の整備が必要となってくる。

さらに、名古屋水族館の隣にある公園を用途変更して、例えばマンガやアニメの博物館、そして、海や港で働く人に関わる博物館など、学びやエンターテインメント、体験ができるゾーンに分けて整備してはどうだろうか。一つ決まれば、流れができるだろう。大規模なイベントやパーティーを名古屋港エリアに誘致すれば、名古屋駅エリアと栄駅エリアの二つの拠点しかなかった名古屋に、港エリアという三つ目の拠点が生まれることになる。

〈6〉災害に強く、人が住みたくなるエリアに

中部圏は1959年（昭和34年）の伊勢湾台風や2000年（平成12年）の東海豪雨などで大きな被害を受けてきた。こうした経緯を踏まえ、随時、高潮防波堤や津波防波堤の嵩《かさ》上げに取り組んできた。我々は、今後起こり得る南海トラフ地震および津波のほか、地球温暖化による海面や海水温の上昇に伴って巨大化する台風などの大規模な自然災害を常に想定して対策を講じておかなければならない。

仮に災害に直面しても、名古屋港は貿易港としての競争力を維持していくことが求められる。災害に強く、人が安心して住みたくなる港エリアにしていくことが、自らの責務でもある。

■高潮防波堤・防潮扉の強化

名古屋港の防災対策として、まずは水回りを確実に整備しておく必要がある。

堤防を切って設けられた河川への出入り口を閉鎖する門のことを陸閘《りくこう》といい、洪水の際にはこの陸閘が閉められ、堤防としての役割を果たす。陸閘の防潮扉は、港区だけで33か所ある。これらは全て手動式で重い鉄製だったが、このうち27か所を、２０１０〜19年度の交付金事業を活用し、最新型の強固で動きやすいアルミの嵌《は》め込み構造の防潮扉に付け替えて、確実に閉まるようにした。また、５か所については鉄扉のままだが、電動化して開閉が容易になった。

高潮防波堤（写真提供：名古屋港管理組合）

高潮防波堤のさらなる嵩上げも欠かせない。既設の防波堤に合わせて、名古屋港の平均海面水位（N.P.）よりも６〜６・５メートル高くなっている。これまで嵩上げ工事は行われていないが、工場群が立ち並ぶ潮見ふ頭では、名古屋港管理組合が防波堤の適切な高さを検討中で、必要と判断すれば、嵩上げが実現するかもしれない。残念ながら潮見ふ頭以外では嵩上げの計画はないという。

大地震後に津波が迫りくる緊迫時や、台風の暴風雨時に、手動式の防波堤が実際に機能するか心配な点は残る。一方で、自動化では電気が切れると万事休すになってしまう。それらの配置に加え、配電の安全性を含めた運営体制を改めて点検する必要性がある。

いずれにせよ、防波堤と防潮扉で水を必ず止めなければならない。そのために必要な投資は行いたい。

加えて、港エリアが浸水しても、コンテナが海に流出・漂流しないような工夫を平時から行わなければならない。コンテナが海に散乱した際のリスクを想定すると、港湾機能が麻痺《まひ》することとなり、日本経済に大打撃を与える。その被害想定と復旧・復興のエネルギーは計り知れない。

コンテナの回収不能という最悪の事態・シナリオだけは避けなければならない。それと同時に、工場への電力供給を止めてはいけない。災害時に分散型で電源を確保するためにも、電線の地中化にも着手する必要がある。

30年以内に70~80%の確率で起こることが想定されている南海トラフ地震を含め、大きな災害が生じた際にも、一時的に機能停止に陥っても、3日程度で復旧できるような強固な港湾にしていくことが肝要だ。そのためには、どれだけ被害を小さく抑えることができるかということが重要になってくる。何があっても、日本の心臓部、稼ぎ頭であり、地理的にも中心に位置する名古屋港の機能を維持しなければならない。

■大規模な災害訓練の実施を

東日本大震災から10年以上が経過した。その発生当初は、市民の間でも、南海トラフ大地震で津波が起これば名古屋市域が水没する可能性があるという意識が強かったが、次第に危機意識が薄れてきているのではないだろうか。

名古屋港エリアでは、「揖斐《いび》川サテライト」という形で避難訓練を行ってきたが、あくまでも行政関係者が中心で、とても市民を巻き込んだ避難訓練とはいえない。しかも、国が訓練する日と市が訓練する日が別々になっている。それらを一本化しなければならないという問題意識を持ち続けてきた。

2019年5月に、1万6,000人が参加する利根川の訓練を国土交通大臣政務官として視察したが、訓練の規模と緊張感がまるで違う。

名古屋港エリアにおいても、常日頃から啓発活動を行い、利根川防災訓練のような市民・行政・企業などを巻き込み、危機感が高度に共有できるような防災訓練を実施していなければ、いざという時に機能しない。

今日の名古屋港は、消防の出初め式と花火大会のイベントしか市民との接点がない。名古屋港における防災訓練は、規模が小規模でレベルが低いと言わざるを得なかった。そのため、南海トラフ地震による津波災害に備え、国を挙げての大規模な防災訓練を、一度、名古屋市民全体を巻き込むかたちで開催すべきだと関係機関に働きかけていた。

これが結実したのが、国土交通省や愛知県など関係機関の連携強化を目的に、2023年11月11日に名古屋港ガーデンふ頭で開催された「大規模津波防災総合訓練」だ。

この訓練は、東日本大震災を教訓とした「津波対策の推進に関する法律（2011年〈平成23年〉6月）」により、11月5日が「津波防災の日[11]」として制定されたことを踏まえ、毎年この時期に、地震による津波被害が想定される地域で持ち回りで実施されているもので、愛知県では初めての開催となった。

訓練は、紀伊半島南東沖を震源とするマグニチュード（M）9の地震が発生し、愛知県で最大震度7を観測、約1時間半後に名古屋港へ最大2・4メートルの津波が押し寄せるという想定の下、自衛隊や中部管区警察局、電気・通信などのライフライン企業などから約1、300人が参加した。海上では漂流コンテナを作業船が撤去したり、ヘリコプターが漂流者を救助し

大規模津波防災総合訓練（2023 年 11 月 11 日、写真提供：国土交通省）

たりする訓練が行われ、陸上では、被災家屋に取り残された人たちを救出する訓練などが行われた。私も訓練への参加を強く希望していたが、内閣府副大臣としての公務が当日新潟県であり、参加がかなわなかったものの、大規模で実践的な訓練が行われた意義は大きい。

南海トラフ地震を想定した防災訓練は、同年11月9日にも、名古屋港に面した東海市の東レ東海工場で行われた。この訓練には、同市と隣接する3市の消防や、名古屋海保、県警、臨海工業地帯に事業所を置く会社など19機関から約160人が参加した。現場は事業所が集中するコンビナートで、船舶火災や重油タンクの消火、アンモニアタンクの冷却放水、海上のオイルフェンス設置、救助活動などの手順を確認した。

こうした防災意識を継続して持ってもらうためにも、2024年以降も関係機関が協力した大規模な防災訓練を行うべきであろう。

災害を想定した場合、医療体制も確認しておく必要があるが、名古屋港エリアには、救急病院や災害拠点病院がない。ガーデンふ頭にはJCHO中京病院と大同病院があるが、その他の埠頭エリアには、全くない。リニア・鉄道館、国際展示場、レゴランド・ジャパン、メイカーズピアなどの人が集まる施設があるが、事件や事故などで負傷した患者を救急搬送する病院がないのである。労働災害になって負傷した際に、救急車は10分では到着できず、搬送する病院もないという、医療体制が脆弱なエリアとなっている。

一人でも多くの命を救うためには、外部からの支援も必要になる。こうした状況を踏まえ検討されているのが、船舶を利用した病院船の導入だ。日本は保有していないが、内閣官房の船舶活用医療推進本部設立準備室が検討を進めている。船内で被災地の患者に医療行為を行いながら陸上の医療機関に移送したり、被災地周辺の港に接岸して一定期間現地で救護活動をしたりすることなどが期待されている。今後もし病院船構想[12]が具体化した際には、その停泊港として誘致を検討していくことも一案だろう。

リニア中央新幹線の東京（品川）―名古屋間の開通時期は、当初の「2027年」から「2027年以降」に表現が変更されたが、開通して名古屋港エリアが名古屋駅と15分で結ばれれば、東京が最短1時間圏内に入る。こういった地理的優位性を最大限に引き出し、名古屋港エリアに住宅や新たな施設を誘致するには、災害に強く安全なエリアという条件を満たす必要がある。

■サイバーテロへの備え

KUDO VISIONには入れなかったが、名古屋港のサイバーセキュリティ対策も喫緊の課題として浮かび上がった。名古屋港運協会が2023年7月4日、名古屋港内のコンテナターミナルを管理するシステム（NUTS）で障害が発生するトラブルに見舞われ、トレーラーによるコンテナの搬出入作業を終日中止した。復旧したのは翌々日の6日夕方で、約2日半にわたり、名古屋港が機能不全に陥った。

ランサムウェア（身代金要求型ウイルス）に感染しており、外部からのサイバー攻撃が原因とみられる。ランサムウェア「ロックビット」の感染を疑わせる英語のメッセージが印刷されていたのを確認したという。ランサムウェアは企業の情報システムを暗号化したり、重要データを盗み出したりするなどして身代金を要求する攻撃だ。大手の集団では攻撃した組織の名前を掲載する「リークサイト」を運営し、盗んだデータをサイト上で暴露するといった脅しをかけている。

事態を重く見た政府は同年7月31日、再発防止策を議論する有識者検討会の初会合を開いた。サイバー攻撃などを防ぐため、経済安全保障推進法に基づく重要な設備を導入する際に国の事前審査の対象となる基幹インフラ（社会基盤）として、港湾運送を加える方針を打ち出した。24年1月に召集された通常国会に同法改正案を提出した。同法は国が指定した基幹インフラ事業者が特定の重要設備の導入や、維持管理を委託する際、国の事前審査の対象となると定めている。それまでは電気や鉄道など14業種が指定されていたが、改正案が5月に可決・成立したことで新たに港湾運送が加わり、15業種になった。

◇

我が国は終戦から奇跡の復興を成し遂げた。経済の安定と治安を維持し、教育制度を充実させ、安定した雇用を創出し、豊かに暮らせる世界一の長寿大国を作り上げた。世界各国から一度は「訪れたい」「働いてみたい」「暮らしてみたい」国として注目され、1970年代後半から80年代にかけては「ジャパン・アズ・ナンバーワン」といわれた時代もあった。

しかし、足元では、諸外国に先んじて人口減少、少子高齢化に伴う生産年齢人口の減少に直面し、経済の低成長にあえいでいる。国立社会保障・人口問題研究所が23年4月に発表した「将来推計人口」によると、日本の人口は2020年の1億2、615万人から、50年後の70年には3割減の8、700万人に減少する。総人口に占める65歳以上の高齢者の割合（高齢化率）も1970年には7％だったが、90年代以降は高齢化が急激に進み、2023年は29・1％と3割に迫り、60年までに予測値は40％近くに達する見通しだ。

加えてインフラの老朽化や気候変動による自然災害の増加など、様々な課題が顕在化している。こうした中で、我が国は課題先進国として、これらに向き合い、解決策を示していかなければならない。そのためにもエネルギー政策の転換は、もはや避けて通れない。

今後、災害や有事によって物価高騰を招いたり、さらにはエネルギーが途絶えたりした際に備えて取り組んでいるのが、カーボンニュートラルポート（CNP）や、水素をはじめとする再生可能エネルギーの確保である。産業界の協力を得ながら、これをやり遂げられるのが名古屋港だと考えている。

もう一度挑戦し、新たな時代をつくり出したい。そのためにも、日本経済を牽引している名古屋港の機能を強化し、その存在感を国内外にアピールしていきたい。

注

（8）MICE＝企業などの会議（Meeting）、報奨・研修旅行（Incentive Travel）、学会や協会の学術集会・大会（Convention）、展示会・見本市（Exhibition/Event）の頭文字を使った造語で、これらのビジネスイベントの総称。経済波及効果以外に、交流人口の拡大や都市ブランドの向上、ビジネス機会の創出などの効果が注目されており、都市間の誘致競争が年々激化している。

（9）IR整備法＝カジノの誘致を希望する自治体が事業者と区域整備計画を提出し、国土交通相が認定するとカジノを賭博罪の適用対象から外して開業できるようになった。安倍政権下の２０１８年に成立し、２０２１年7月に全面施行された。

(10) ライトレールトランジット（軽量軌道交通、Light Rail Transit）＝低床化され、揺れも少ない車両を使った新しい都市の公共交通。路面だけでなく地下や高架を活用したり、軌道敷への車の乗り入れを規制したりすることで走行環境を改善する。高齢化、中心市街地の空洞化への対応策として、特に海外の約70都市で導入されている。

(11) 津波防災の日＝安政元年（１８５５年）11月5日の安政南海地震（M８・４）で津波が和歌山県を襲った際に、稲に火を付けて、暗闇の中で逃げ遅れていた人たちを高台に避難させて命を救ったという、実業家で県会議員を務めた濱口《はまぐち》梧陵《ごりょう》の逸話にちなんで定められた。

(12) 病院船構想＝大規模災害時や感染症の流行危機事態に医師や医療設備を乗せて治療にあたる船のことで、患者を隔離して専門治療を集中的に施し、感染症を封じ込める機能が期待される。病院船構想が生まれたのは、１９９５年の阪神・淡路大震災がきっかけで、アメリカなどの実例を参考に、陸上交通が寸断されるような災害時に、海上から被災地に医療を提供するシステムを探る議論が起こった。２０１１年の東日本大震災後には、内閣府も一時「災害時多目的船」の導入を模索したが、建造や維持管理に巨額のコストがかかることに加え、法改正を伴うことから見送られた経緯がある。コロナ禍で構想が再浮上した。

参考文献

名古屋コンテナ埠頭株式会社編『名古屋コンテナ埠頭十年史』（1981年）
伊勢湾パイロット史編集委員会編『伊勢湾パイロット史』伊勢湾水先区水先人会（1992年）
新修名古屋市史編集委員会編『新修名古屋市史』第6巻、名古屋市（2000年）
山田寂雀著『名古屋区史シリーズ　港区の歴史』愛知県郷土資料刊行会（2009年）
名古屋商工会議所『名古屋港ポートアイランド　将来利用に向けた提言』（2018年）
名古屋港管理組合『名古屋港管理組合中期経営計画2023』（2019年）
国土交通省中部地方整備局港湾空港部『伊勢湾の港湾ビジョン』（2019年）
髙橋治朗著『名港海運の髙橋でございます』名港海運株式会社（2019年）
国土交通省港湾局『カーボンニュートラルに関する最近の状況』（2021年）
中部圏水素・アンモニア社会実装推進会議『中部圏水素・アンモニアサプライチェーンビジョン』（2023年）ほか

第3章　鼎談

麻生太郎×髙橋治朗
工藤彰三

アクセスを整備し、水素エネルギーの拠点港に

■「名古屋嫌い」の理由

髙橋治朗名古屋港利用促進協議会会長・名港海運株式会社会長（鼎談時）　最終章は、元内閣総理大臣で現在は自由民主党副総裁（鼎談時）の麻生太郎先生をお招きし、「名古屋港のミライ」をテーマにさらに議論を深めていこうと思います。副総裁は工藤彰三衆議院議員が所属する志公会《しこうかい》の会長を務められています。名古屋には何度もお越しいただいておりますが、名古屋の印象や関わりについてお話しいただけますか。

麻生太郎元内閣総理大臣　まず、最初に申し上げておきたいのですが、実は私は当初、名古屋が苦手でした。理由を話しましょう。1970年代半ばに日本青年会議所（JC）の専務理事に就任しました。その時の会頭が西濃運輸の社長を務めた田口義嘉寿《たぐちよしかず》さんでした。田口さんは名古屋の選出で、その時の名古屋青年会議所の理事長が総合広告代理店、三晃社会長の川村悌弍《かわむらていじ》さんでした。

麻生太郎元内閣総理大臣

川村さんは中部経済同友会の筆頭代表幹事を務めた人で、何かにつけて名古屋で会合を開いていました。私は名古屋にあまり縁がなかったのだけど、しょっちゅう名古屋に呼ばれました。川村さんがいなかったら、それほど名古屋に行く機会や名古屋とのつきあいはなかったと思います。川村さんは、自分が１９７８年（昭和53年）にＪＣの会頭になった時に、専務理事を引き受けてくれた。そういう意味では恩義のある方です。

名古屋で飲みに行ったら分かるんだけど、名古屋の人は実に内向きなんですね。例えば、東京でも博多でもいい。よそ者が4～5人で飲みに行ったとしましょう。そこで女将さんが顔ぶれを見て、誰がお金を支払うのかが分かったら、徹底的にそのお金を出す人だけを大事にするのが名古屋流。

（私の地元の）博多は全く逆。工藤さんがお金を払うスポンサーで、麻生が客だとしましょう。その場合、女将さんが「お客さんはどちら？」と聞いて、麻生が客だと分かったら徹底的に（麻生を）もてなしてくれる。そうすれば、麻生は「工藤さん、いい店だったな」と感謝するわけで、結果的にお金を出した人の株が上がるからね。

自分は射撃の選手で、１９７６年（昭和51年）にカナダのモントリオールで開催された第21回オリンピック競技大会に射撃（クレー・スキート）に出場しました。当時、名古屋に射撃場があって、五輪前の合宿で選手が集められて、練習が終わった後、選手達は名古屋の盛り場に繰り出していたけど、その時も同じような感じでした。まさに「内向き」というのが私の名古屋の第一印象でした。

代議士稼業を始めてさらに名古屋に来る機会が増え、縁もでき、工藤彰三さんしかり愛知県選出の国会議員が自分のムラ（派閥）に４～５人入ってきてくれるようになったこともあり、名古屋の印象も随分変わってきました。

麻生太郎（あそう・たろう）　１９４０年生まれ。63年３月、学習院大学政経学部卒業。73年５月、麻生セメント株式会社代表取締役社長に就任。78年１月、社団法人日本青年会議所会頭を務める（78年12月まで）。79年10月、第35回衆議院議員総選挙に初当選。経済企画庁長官、経済財政政策担当大臣、自由民主党政務調査会長、総務大臣、外務大臣、自民党幹事長などを経て、２００８年９月に第92代内閣総理大臣（09年９月まで）。第２次安倍内閣の下で、副総理、財務大臣、内閣府特命担当大臣（金融）、デフレ脱却・円高対策担当を歴任。自民党副総裁（24年９月時点）。当選14回。

髙橋治朗
名古屋港利用促進協議会会長・名港海運株式会社会長（鼎談時）

■陳情下手

工藤彰三衆議院議員　会長は名古屋にはあまりいい印象をお持ちではないのですね。それは大変失礼いたしました。

麻生　今はそんなことはありませんよ。しかし、昔から思っていたことは、陳情の仕方もあまりうまくないなと。そんな中でも光っていたのは、名古屋市の教育長から市長に転じた松原武久《まつばらたけひさ》さんだったかな。

陳情に来たのは名古屋駅前再開発の案件でした。２００２年（平成14年）６月に施行された都市再生特別措置法に基づく「緊急整備地域」として、名古屋駅周辺の指定を国に申請するという。市は容積率や建ぺい《けん》率などの規制が緩和される「都市再生特別地区」を設け、老朽化したビルが目立つ同駅周辺の再開発にはずみをつけたいと。指定を申請するのは名古屋駅東側の約57ヘクタールで、政府の都市再生本部で審査中でした。緊急整備地域に指定されると、民間業者が都市計画を自由に提案できるほか、公共施設の建て替え整備への無利子貸し付けなどが可能となります。

市は、周辺地区を容積率などの大幅な緩和が認められる都市再生特別地区に定め、駅周辺の都市開発を積極的に進める考えでした。松原さんは県をすっ飛ばして、自ら足を運んできました。当時は容積率、建ぺい率の制約があり、高層化に限界がありましたが、「名古屋駅周辺を整備して高層ビル群を建てたい」とおっしゃった。

そこで、「こんなでかいビルを建てて誰が入るんだい。建てたはいいけど、中に人が入らないっていうわけにはいきませんよ。どんな企業が入るかだけ教えてくださいよ」と話したら、松原さんは「トヨタが入ります」と言われた。愛知というのは、戦国時代みたいにいまだに三河だ、尾張だっていうのが残っている土地柄だからね。それで「ほぉー三河のトヨタが尾張のトヨタになるっちゅう話か。そんなこと考えられるの？」と尋ねたら、松原さんは「（トヨタが）そう言ってます」と即答された。

にわかに信じられないから、当時のトヨタ自動車の張富士夫社長に電話をして確認したら「なんでそんな話を知っているんですか」と驚いていた。「いやいや（名古屋市長が）陳情に来ているから、本当かと思って。トヨタさんが本当に（名古屋に）進出するというのなら、進めるべきですね」と言ったら、張さんも「入ります」と返してきた。

それでテナントが入る当てがあるのなら「大丈夫だ」ということになり、結果、申請通り認めることになった。あの時の陳情だけは忘れられないな。

工藤彰三衆議院議員

■キラリと光る製品の宝庫

髙橋　東京と大阪の間に位置し、陳情しなくても黙っててもインフラ、社会的基盤が整備されてきたという恵まれた環境が、名古屋が外に働きかける力が弱く、内向きになりがちという指摘は、名古屋人にとっては耳の痛い話です。

工藤　麻生会長のご指摘のように名古屋には克服すべき課題は山積しますが、この地域は、トヨタ自動車はじめ産業が集積し、日本経済を牽引しているといっても過言ではありません。愛知、名古屋の潜在力についてはどう思われますか。

麻生　愛知にはものすごくいいものがあります。精密なモノを作るという点では秀でている。あま市で作っているはさみは、ふるさと納税の返礼品で大人気ですが、世界で売れる水準にあると思います。やわらかい葉巻がスパッと切れるほど、実にいい切れ味です。

愛知県にはそういう銘品がいくつもあるんだよね。そういうのをもうちょっと磨き上げてアピールすることを地元で考えるべきです。素晴らしい技術は確かにある。技術者としては、優れているんだろうけど、営業屋としてはあと一歩。やはり販売能力、マーケティングが弱いと商品は売れません。そういう名も無き優れた商品を、愛知県、名古屋市で後押ししてやらないといけないですね。愛知県は自動車以外にどんな産業を育てていくつもりなんだろうか。

工藤　産業構造がどうしても自動車依存の「一本足打法」になりがちですので、それじゃいかんということで、航空・宇宙などの先端分野、環境エネルギー分野、医療など戦略分野を定めて、産業構造を転換させていこうと取り組んでいます。ただ、航空分野は、三菱グループのＭＲＪ（三菱リージョナルジェット）[13]が頓挫するなど、思い通りに進んでいませんが……。

■悔いの残る産業政策の放棄

麻生　ＭＲＪは三菱が一生懸命やったんだけど、結果的に撤退することになりました。これは、政府がアメリカをはじめ関係者と交渉して進めていかなければならない案件だったと思います。

アメリカという国は、こうと決めたらきっちりやってくる国です。せっかくの機会だから、歴史を振り返りながら日米の産業を巡る経緯をお話しします。

日本が敗戦後、のし上がってこられたのは工業力のお陰だと思います。少なくともこの何百年かの間、航空母艦を旗艦として、飛行機を使って、洋上決戦をやった国は、日本とアメリカ以外にないのではないでしょうか。

超大国のアメリカに対抗できるだけの工業力を日本が持ったのは、何も戦後だけの話ではない。戦前から、もっと言えば、明治維新以降、脈々と築き上げてきた日本の工業力の下地があったからです。

戦後は、そういった基礎をベースに、国営企業を民営化して、多くの企業やモノが育っていきました。自動車だってそう。技術を蓄積し、そして圧倒的に壊れない、いい車を作り、それが滅茶苦茶に売れた。売れすぎて、アメリカとの間に貿易摩擦が起き始めたのが１９６０年代で、最初に浮上したのが繊維交渉です。これは佐藤栄作内閣の頃からの話で、その当時から、我々は、アメリカから「日本とは貿易障壁がある。通商産業省のやっている貿易障壁がなっとらん」と言われてきた。

事実、日本は「自動車鎖国」みたいなことをやって自動車産業を育ててきた。その後は、関税を減らし続け、自動車関税についてはアメリカに対してゼロになった。これに対し、アメリカは日本に３％もかけていたんですよ。それでも非関税障壁があるという。

いよいよになって、アメリカは「通産省のやる産業政策がけしからん」とクレームをつけてきて、残念ながら、通産省はその産業政策を１９８０年代に止めてしまった。これが間違いでした。半導体も一時は世界のトップでしたが、今はそうでもない。それも国が支えるべきでした。産業政策は残しておくべきだったと今でも思っています。

自動車会社の例に話を戻すと、アメリカ車の歴史を支え続けたビッグ3といわれるメーカー「ゼネラルモーターズ（GM）」「クライスラー」「フォード」が、１９７０年代に日本に上陸してきた時に、日本のメーカーはつぶれると当時のメディアはこぞって書いたが、全くその見通しは外れました。実際は日本メーカーがビッグ3を食ってきた。アメリカ人にとってはそれが面白くなかったのかもしれない。

アメリカの貿易赤字全体の約45%が対日本でした。日本一国でアメリカの貿易赤字の半分です。その当時、日本はアメリカに３４０万台の車を輸出していた。そういう時代がありました。我々は約30年間、営々と努力してきました。一方、アメリカは、１９８９年にベルリンの壁が崩落すると、ソ連の崩壊もあり、世界で一強になった。

ところが、足元をみると、「この貿易赤字はなんだ」と。日本は防衛を俺たち（アメリカ）に押し付け、フリーライダー（ただ乗り）と言われるようなことをやっているのではないか。「俺たちに血を流させて、その間、お前たちは金儲けか」とアメリカ人は思いました。「ふざけんな」と。それが１９９０年以降に始まる、いわゆるジャパンバッシングの始まりとなりました。

アメリカは繊維産業を日本に食われ、最大の花形だった自動車産業も日本のトヨタ、ホンダ、日産等々に浸食された。日本メーカーは、アメリカ国内で３４０万台作っている。アメリカで作られたトヨタをカナダに年間40万台、メキシコには45万台もそれぞれ輸出しています。

当然のこととして、日本から輸出する車の台数は減りました。今、日本からアメリカに輸出している車の総数は約１７０万台で半分程度。結果として、日本国内で自動車生産に携わっている方々の雇用が減りました。失業というかたちで、日本経済に重くのしかかったのが、この約30年間。「失われた30年間」とか、いろいろな表現をしますけれども、正確には、この二十数年間の日本の遠慮がもたらしたわけです。その結果、日本はデフレに悩まされて、アメリカのジャパンバッシングで大いに苦しんだ。そういった時代だったと思います。ＭＲＪが成功すれば、今度は航空産業もやられるとアメリカが思った可能性だってあります。

■港に水素の視点

髙橋　厳しいご意見でしたが、そんな中でも名古屋港はものづくりの産業集積地の港として存在感を発揮しています。２０２２年（令和4年）はロシアによるウクライナ侵攻や、それに伴うエネルギーや原材料価格の高騰があり、物流面でもコロナ禍の影響で前半はコンテナ輸送の需給バランスが崩れ、世界的なサプライチェーンの混乱や運賃の高騰を招きました。

後半になると、複合的な要因が重なり、混乱が解消し、名古屋港でも寄港するコンテナ船のサービスは平時に戻りつつあります。22年の名古屋港の貿易黒字額は6兆8、１５５億円でした。日本経済を牽引するものづくり産業を支える港として、高い水準を維持していると思います。

麻生　名古屋の人から名古屋駅やリニアモーターカーの話は出てきても、名古屋港の話はめったに出てこないし、話題にならないですね。名古屋港は日本屈指の輸出港なんだから、もう少し整備されてもいいんじゃないか。名古屋港は水深が16メートルということだが、もっと船を呼び込むには、水深をもっと深くする必要がある。最低でも水深18～21メートルにしたらいいと思う。今やパナマ運河ですら18メートル、スエズ運河は21メートルと聞く。韓国の仁川《インチョン》だって18メートルだ。

こういう問題意識を工藤さんは持っている。港のことに関して横浜や神戸よりも、名古屋港の方が積み荷の額でいったら多い。だから、私からも工藤さんや愛知選出の参議院議員の藤川政人さんには「横浜港や神戸港が偉そうにしているが、総取扱貨物量、輸出額ともに名古屋港が日本一だ。積み替える港をもっと大きくして、埋め立て地ももう少し整備したらどうか」と10年前から発破をかけてきた。

工藤さんと藤川さんらがコツコツと頑張ってきたので、名古屋港も徐々に形になってきていると思う。ただ、ちょっと先の話がない。もうちょっと先読みすればいいと思う。

髙橋　名古屋は、東京と大阪の真ん中という立場もあって、東西の道は発達しつつあります。ただ、南北に関しては、東海北陸道はあるものの、山などの地形的な問題もあり、道路網が盤石とはいえません。スタートラインに立っていないと思います。

工藤　ようやく、麻生会長に予算を付けてもらい、40年かかって国道302号環状2号線（名古屋第二環状自動車道、名古屋西ＪＣＴ〈ジャンクション〉―飛島ＪＣＴ）が2021年（令和3年）5月に完成しました。

このほか、港湾の整備に力を入れていただいて、深掘りしたり、護岸を強くしたり、ガントリークレーンを整備したりできたのは、麻生会長のおかげです。大変感謝しております。髙橋会長にも国交省と財務省に頻繁に足を運んでいただいて、今のところ整備は順調に進んでいます。

髙橋　ハード面では、国の掲げる強靱化計画に合わせて整備を進めてきました。財務省にも理解を求めて、ほとんどの船に対応できる水深の確保と耐震岸壁、ガントリークレーンの大型化を官民一体となって前進させました。

それと経済のスケールが大きくなってき

名古屋港に停泊するコンテナ船
（写真提供：名古屋港管理組合）

ており、コンテナ船というものが建造されて、船も50年経つと最初は750個積み近くの船から、今は2万4、000個近くの船になってきました。

麻生　2万4、000個ですか、おお、それはすごいな。

髙橋　それだけ船が大きくなると港全部の様式が変わってくることになるんですね。船はあんまり大きくなると事故を起こすので。荷物がそれだけ集まるのかどうかということもあるし、航路によっても大きさも変わってくる。

麻生　それはそうですね。

髙橋　そういう意味で、昔の小さな岸壁だとか、小さなヤードが今度は余ってしまって、

鍋田ふ頭の耐震強化岸壁
（写真提供：名古屋港管理組合）

それをどうやったら次の目的のために使うかという視点で開発すれば、もっと港は栄えるのではないでしょうかね。

名古屋港は経済の港ですから、輸入するものは原材料が多いし、輸出は製品が多い。首都圏の港は、油やガスは入ってきますが、消費がメインだから原材料的なものは入ってきません。首都圏の人口４、０００万人に対し、中部圏はまあまあ人はいるといいましても１、３００万人。首都圏はどうしても消費に軸足を置くことになります。

工藤　私は港については、水素とエネルギーという視点を持って発想を転換してきました。日本の輸出入の99・６％が港湾を経由しており、二酸化炭素（CO_2）の排出量

大型コンテナ船に対応できる水深 16 メートルの岸壁を持つ飛鳥ふ頭南側コンテナターミナルのガントリークレーンと自動搬送台車（AGV）
（写真提供：名古屋港管理組合）

の約6割を占める発電所、鉄鋼、化学工業などが港湾・臨海部に集中しています。

脱炭素は喫緊の課題です。エネルギーの一大消費地の主電源を水素・アンモニアに転換することで、カーボンニュートラルを実現させようという計画がカーボンニュートラルポート（ＣＮＰ）です。ＣＮＰを推進するためにも温室効果ガスを排出しない水素の活用は欠かせませんからね。

ＣＮＰの第1弾として、全国の中から6港が対象となり、名古屋港もこの中に加わりました。すでにトヨタ自動車、岩谷産業などが参加する産官学の協議会が精力的に検討を進めています。

水素との関わりでいうと、私の場合、２０１３年（平成25年）に結成された水素社会推進議員連盟（水素議連、会長・小渕優子衆議院議員）に参加したことがきっかけです。当初は15人程度の小さな議連でしたが、年々、水素社会への関心が高まってきたこともあり、現在は１４０人を超える集団に成長しました。２０２０年（令和2年）10月に菅義偉首相（当時）が「２０５０年にカーボンニュートラル、脱炭素社会の実現を目指す」と宣言されたことが大きな契機になりました。

麻生　水素も間違いなく増えてくるよね。自動車も間違いなく増える。もっともっと動きが出てくる。水素燃料で走る車両は、排出されるのは水だけだ。水素エネルギーは、海水を分解して作ることもできる。それをまた燃料にして、また水素を作るわけですから、間違いなく、クリーンに循環することになるね。

髙橋　水素が２０５０年、２１００年の社会においてメインのエネルギーになっているかは、正直わかりません。港だけで水素を使うならそれほど難しい話ではありませんが、社会全体の話となると、それがどんなエネルギーになるのかは予想がつきません。そうはいっても、社会全体でカーボンニュートラルに取り組んでいくため、いずれ水素やほかの次世代エネルギーに移行していくことになると思います。

工藤　水素の普及が一気に進みそうな機運は高まっていますが、まだまだ課題は山積みです。問題意識としては、水素を取り巻く世界の動きに対して、日本が遅れを取ってしまうことに危機感を持っています。もともと２０１７年（平成29年）に日本は世界で初めての水素基本戦略を作り、18年には閣僚会議を開いています。しかし、欧州、アメリカ、中国、韓国だけでなく、アジア諸国も水素に本気で取り組もうとしています。

欧州ではルールが変わって、欧州連合（ＥＵ）がドイツ、フランスを中心に発電して、発送電は全て水素化するというビジョンを打ち出しています。欧州は、２０３０年までの数値目標を達成するために必要な投資額を「水素関連だけで5兆円使う」と高らかに宣言していいます。菅政権の下で、２兆円のグリーンイノベーション基金[14]が創設されたわけですが、水素の分野で世界と戦っていくには、まだまだ規模が足りないと思っています。

髙橋　確かにそうですね。いずれ日本の港の全てがカーボンニュートラルを目指すことになりますが、それを水素にするのかアンモニアにするのかは、まだ定まっていません。まずは液化天然ガス（ＬＮＧ）にしてＣＯ$_2$排出量を減らしていこうかなと、様子見をしている船会社がほとんどです。水素が最善という説がありますが、コスト面や日本への供給方法や輸送経路などをどうするのか、これからが正念場です。

■カギ握る電源確保

麻生　水素の時代とよくいわれるけど、最初に水素を分離する段階で、それなりの電気がいる。それに電気自動車（ＥＶ）を走らせるにも、もっと電気を作らないといけない。その電気を作るにはやはり原子力発電所（原発）を再稼働させるしかないのではないか。再生エネルギーとか、太陽光エネルギーとか、いろいろあるが、日本は一年中太陽が降りそそ

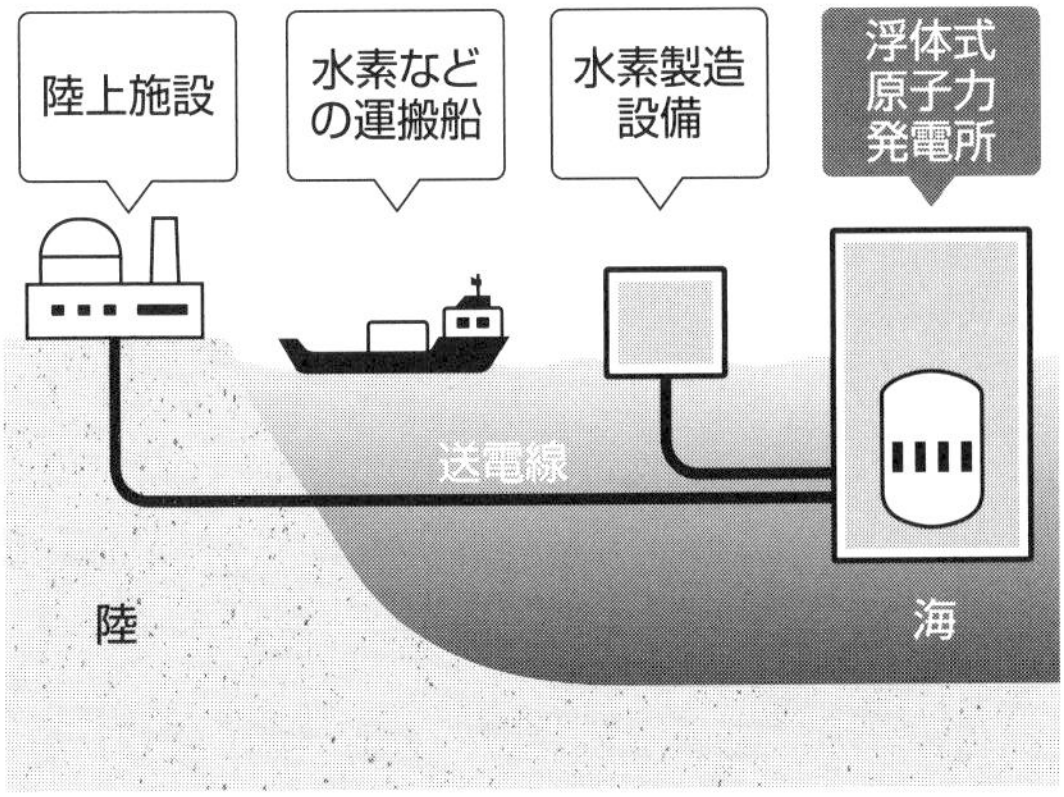

図６　浮体式原子力発電所のイメージ

ぐサウジアラビアの砂漠とは違う。スウェーデンやデンマークみたいに、北極から常に平均６～８メートルの風が吹いているわけでもない。日本はそういうわけにはいかない。どうしても原子力発電所を再稼働しないと仕方がない。

そんな状態なのに、ＥＶに一気になびくのは、おかしいのではないか。ＥＶを普及させるといっても、それを動かす電気はどこから持ってくるのって。私もそんなにエネルギーの分野に詳しいわけではないが、単純にそう思いますよ。

港で発電施設を整備するんだったら、洋上で稼働させる浮体式の原子力発電所（図６）というアイデアがあると聞きました。

海上であればどこにでも設置することができる。船のように浮かんでいるため、地震の影響を受けにくく、沖合に設置すれば津波にも耐えやすい構造です。地形に合わせた特別な構造物も不要で、建設費用は陸上の原発に比べ安く、工期も短縮できるという。そういう大きな施設、原発を造る技術が日本にはあり、それができる造船会社もあるからね。

髙橋　脱炭素化を重視するあまり、CO_2を排出することが悪者になりすぎないかと心配になることがあります。麻生会長がおっしゃるようにEVがその一例ですね。国内のどこでも電気が供給されている先進国では、EVにシフトしていくことは可能でしょう。

しかし、都市部でも停電が頻発するような電力が安定しない発展途上国でEVを普及させるのは難しいでしょう。工藤さんのご指摘のようにSDGsの取り組みが全世界的に求められる中、脱炭素化が各国の格差を一層広げるんじゃないかと懸念しています。

また、部品製造にもエネルギーを消費することを考えると、現時点では内燃機関の車両の方がライフサイクルは長く、環境に優しいという見方もあります。日本の自動車メーカーにはハイブリッド車（HV）やプラグインハイブリッド車（PHV）、燃料電池車（FCV）などの優れた技術があります。個人的にはEVに一気にシフトさせていくのではなく、技術を残しつつ、様々な手段を並行して研究開発を進めていくのが得策だと考えています。

日本をはじめとする先進国は脱炭素化推進の旗を振るだけでなく、排出されるCO_2をうまく活用するような技術の開発も進めるべきでしょうね。

■工藤ビジョンへの期待

工藤　名古屋港エリア選出の国会議員として、名古屋港の強みを最大限に引き出していくにはどうすればいいのかをずっと考えてきました。名古屋港のイメージアップ、名古屋駅へのアクセス向上や道路網の整備といった課題に対し、自分なりの答えとして示したのが、名古屋港の総合的な成長戦略「ＫＵＤＯ ＶＩＳＩＯＮ」（工藤ビジョン）です。

改めてポイントを整理すると、①名古屋港を水素エネルギーの拠点にする、②人工島のポートアイランドを巨大エネルギーの集積基地として活用する、③名古屋駅から名古屋港へのアクセスを改善する、④中川運河を市民の憩いの場として整備する、⑤名古屋ポートタワー（仮称）を誘致する、⑥災害に強く、人が住みたくなるエリアにする――の６項目がその柱になります。

麻生　この工藤ビジョンは良く出来ているね。最初の名古屋港を水素エネルギーの拠点にするという構想は早くやった方がいいね。

同じようなことを福岡では、県と北九州市がやろうとしている。北九州は巨大な集積港で、新日鉄（現日本製鉄）の発祥の地で、安川電機もある。あそこはこういう案件への反応が早いからね。

工藤　水素議連は水素ステーションの整備にも力を注いできました。水素社会の実現にはインフラ整備が欠かせません。

水素ステーションは2024年（令和6年）7月現在、全国152か所で運用しています（図7）。そのうちの2割弱が愛知県にあります。東海3県だと3割近くになります。ガソリンスタンドはピーク時の1994年（平成6年）には約6万件あったわけですから、桁が違います。水素を利活用するFCVを普及させるためにもまだまだ足りていません。

水素議連としては水素ステーションの設置義務を設けて、例えば、水素を供給する企業や自動車メーカーなどがステーションを整備していくということも視野に入れています。

麻生　水素ステーションを整備するには、ものすごく金がかかるんですよ。普通のガソリンと違ってね。

工藤　道路と港と接岸する港の深さと水素をしっかりとやりたいと考えています。神戸港と横浜港がすでに先を走っているため、サプライチェーンをしっかりと構築して、名古屋で

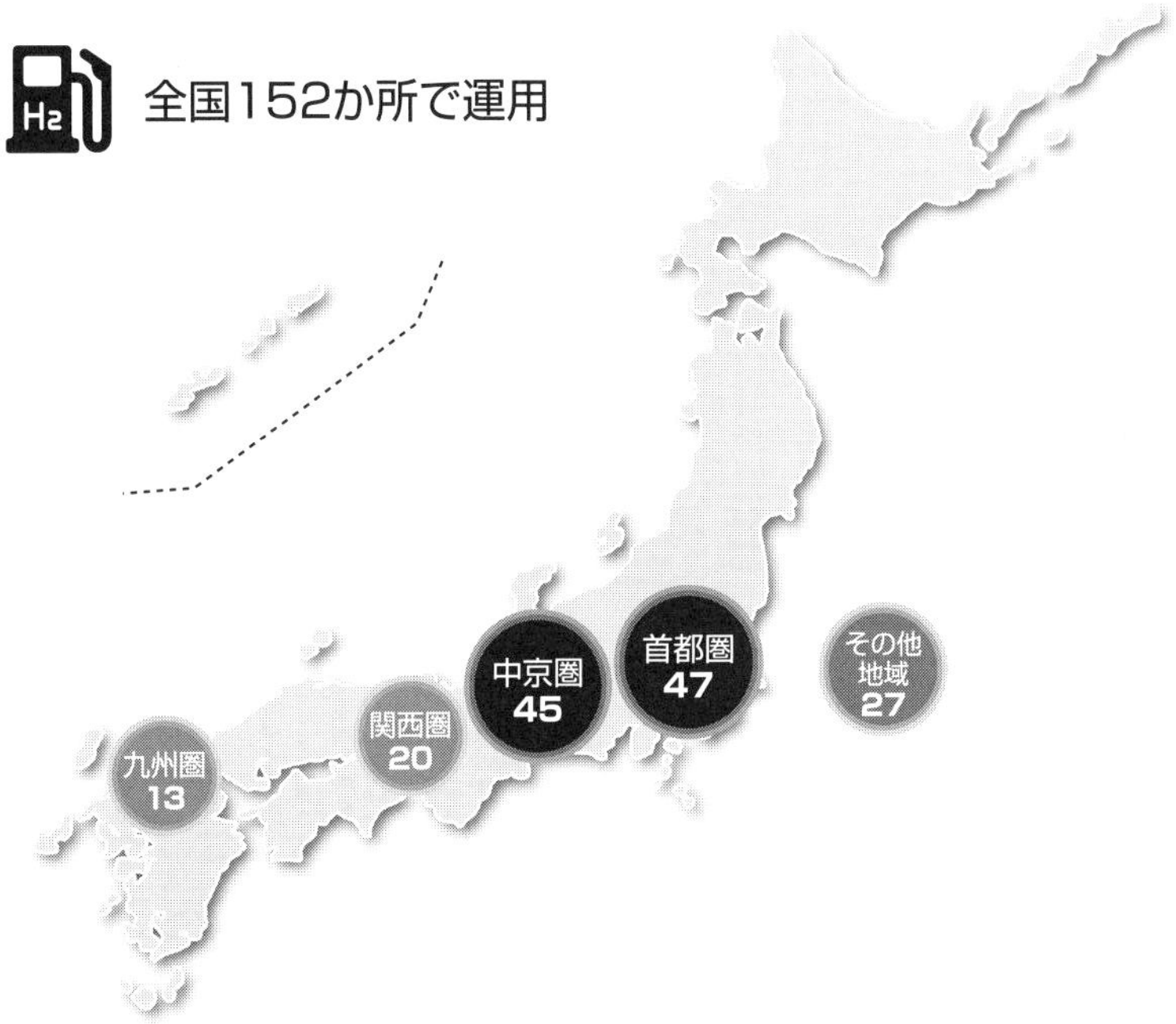

図７　全国の水素ステーションの整備状況（2024 年７月５日現在）
出所：次世代自動車振興センターウェブサイト

推進していくというのが、国会議員としての自らの責務と考えています。インフラは整いつつあります。家庭や企業から出るプラスチックごみを溶かしたガスから水素を製造する取り組みにも注目しています。

豊田通商、ガス大手の岩谷産業、プラント大手の日揮ホールディングスの３社は、排出されるプラごみや生産した水素の販売先が多い名古屋港近郊で事業化できると判断し、早い段階での製造開始を目指して準備を進めているところです。製造能力は年間約１万トンを見込んでいます。

具体的には、プラごみから不純物を取り出した後、１、３００～１、５００℃の高温で溶かして合成ガスを生成し、水素のみを回収するそうです。実現すれば、年間約８万トンのプラごみが活用できるといい、プラごみ焼却に伴うCO_2の排出削減も期待されています。

製造した水素は電力会社などに販売する予定で、３社はプラごみを回収した企業などから料金を取ることで、事業の収益性を高めたい考えだそうです。この事業が成功すれば、名古屋港が廃プラスチックを活用した水素の製造拠点として存在感を増すでしょう。

麻生　港っていうのはさ、なんとなく汚ないイメージがあるよね。なぜかと言われれば、理由ははっきりしていて、所詮、荷物の集積地だと思われているからなんだよね。

鉄道の駅だってひと昔前は同じようなイメージだったが、あれを「エキナカ」という発想で変えていった。人が乗り降りする場所をきれいにして、その中に店を作って物を売ろうという発想をした人がいるんだよ。日立製作所は自社の電車の車両をタイに売り込む時に、「エキナカ」の構想も一緒に持ち込んで、タイ政府がそれを認めて落札したという話を聞いたことがあります。

だから工藤さん、「ミナトナカ」をやればいいんじゃないかな。もう少し気の利いた名前を考えてね。名古屋駅から名古屋港へのアクセスを改善する取り組みも絶対やった方がいい。

名古屋港は稼ぎの割に道路が整備されていない。博多港は港を出てすぐに高速道路の入口がある。博多の例を紹介すると、大型クルーザー、客船が寄港するのは、以前は年間に30隻ぐらいでした。少なくとも新型コロナ騒ぎが起こる前。それが今の高島宗一郎福岡市長になっていろいろ努力をした結果、その10倍以上も来るようになった。３、０００〜５、０００人という人が船を降りて、繁華街の天神、中洲などに繰り出す。これは港からのアクセスがいいからだ。

その高島市長が２０１９年（平成31年）にＪＲ博多駅と博多港を結ぶロープウェー（空

中ケーブル）構想を提案した。港はもともと埋め立て地で、地盤が弱いので地下鉄なんか造れない。それを代替するためのアイデアで、港とターミナルステーションのアクセスを良くするのが狙いでした。結局、「（博多港がある）ウォーターフロントの再開発が進んでおらず、必要性が理解されていない」との理由で白紙撤回したけど、名古屋でもこういうアイデアは参考にした方がいいよね。新しい発想を期待したいね。

それと港をきれいにすることだね。イメージとして変えなきゃいけない。最後はイメージなんだよね。

高橋　名古屋港に人を呼び込む施設を誘致することも大事だと思います。首都圏にディズニーランドがあって、大阪にはユニバーサル・スタジオ・ジャパン（ＵＳＪ）があります。名古屋には会長がお好きなマンガのテーマパーク施設があればいいですね。欧州はじめ日本のアニメ、マンガは非常に人気があり、集客も期待できます。

麻生　それはそうですね。サッカーとマンガは国境や民族を超えた文化で、特に日本のマンガやアニメは世界に誇れる文化だと思います。ポケモンやドラえもん、ＯＮＥ ＰＩＥＣＥ（ワンピース）といった作品が日本文化を世界に広めました。マンガの深さ、奥行きを理解してほしいですね。

しかもマンガは一大産業です。そういう施設ができれば、おそらく働く人も楽しいでしょうから、喜んでサービスを提供すると思いますよ。

髙橋　それと、名古屋は織田信長、豊臣秀吉、徳川家康の三英傑を生んだ土地柄で、侍文化が残っており、忍者でも尾張柳生流、新陰流などがあります。こうした歴史物とマンガが結びついたり、体験型の要素が加わったりすれば、面白いテーマパークが出来るんじゃないでしょうか。

マンガは見るだけのものではなくなっているようですね。

麻生　そう思います。ものすごく変化してきていると思います。

２００５年（平成17年）から07年（平成19年）にかけて外務大臣をしていた時に、日本のマンガやアニメなど「ポップカルチャー」を世界に発信しようと考えました。まさに「おれの出番だ」と。日本のマンガ、ファッションなどが世界で人気を呼んでいます。「歌舞伎」「能」など日本の伝統的な文化・芸能をしのぐ勢いで各国に浸透しており、文化交流の促進に役立つと思ったからです。

外務大臣の諮問機関「海外交流審議会」に報告書をまとめてもらいました。報告書では、政府とアニメ製作者らのポップカルチャー勉強会の開催や内外の新進気鋭のマンガ家を対象とした「国際漫画賞」の創設や、国際的に人気のあるマンガやゲーム作家を「アニメ文化大使」として海外に派遣することなどを提案してくれて、２００７年度予算案に関連費用を盛り込みました。日本から世界に広がるマンガ文化を通じて国際交流と相互理解の輪を広げることを目的として、外務省は国際漫画賞を創設しました。この賞は、海外でマンガ文化の普及に貢献するマンガ作家を顕彰するものです。マンガを通じた外交は、外務省の官僚が逆立ちしてもできない役割を果たしてくれると思いますよ。

　総理大臣の２００９年（平成21年）には、経済対策として、マンガやアニメの殿堂「国立メディア芸術総合センター」（仮称）の構想を打ち出しましたが、「国際マンガ喫茶」とか揶揄《やゆ》されて、野党の議員には理解されませんでした。その後、政権は民主党に移り、同センターの計画が立ち消えとなりました。今思っても非常に残念ですね。

工藤　マンガ、アニメの持つパワーは計り知れないですからね。京都にマンガの資料などを保管・展示している「京都国際マンガミュージアム[15]」がありますが、多くの外国人が訪れて大変な人気を集めています。コンセプトを考えないといけませんが、名古屋港にマンガミュージアムやテーマパークを誘致できれば、こちらもかなりの集客が見込めるでしょう。実現するのは容易ではありませんが、工藤ビジョンの今後の課題として、フォローしていきたいと思います。

注

（13）ＭＲＪ（三菱リージョナルジェット）＝三菱重工業が手掛けていた国産ジェット旅客機。２００８年にジェットの事業化を決め、当初は13年の初号機納入を目指した。だが、設計変更や部品の調達難などで納期は６回延期され、２０１９年に「三菱スペースジェット（ＭＳＪ）」に改称した。20年10月に開発を「いったん立ち止まる」と表明。23年に事業から撤退することを発表した。開発に１兆円規模を投じてきたが、さらに数千億円かかる見通しで、続けても採算が合わないと判断した。国産旅客機の開発は官民一体で取り組んだプロペラ機「ＹＳ－11」以来、半世紀ぶりで、ＡＮＡホールディングスや日本航空など国内外の航空会社から約３００機を受注していた。国からは研究費として、約５００億円の支援を受けていた。

（14）グリーンイノベーション基金＝２０５０年カーボンニュートラル目標に向けて創設した基金。「経済と環境の好循環」を実現していくグリーン成長戦略で、実行計画を策定している重点分野のうち、特に政策効果が大きく、社会実装までを見据えて長期間の取り組みが必要な領域にチャレンジする企業などを対象に、10年間、研究開発・実証から社会実装までを継続して支援する。

（15）京都国際マンガミュージアム＝京都市と京都精華大学の共同事業として２００６年11月に開館し

た。作家の荒俣宏氏が館長、解剖学者の養老孟司氏が名誉館長を務める。保存されるマンガ資料は、江戸期の戯画浮世絵から明治・大正・昭和初期の雑誌、戦後の貸本から現在の人気作品、海外のものまで、約30万点。博物館的機能と図書館的機能を併せ持っており、世界から注目されているマンガ資料の収集・保管・公開とマンガ文化に関する調査研究、これらの資料と調査研究に基づく展示やイベント等の事業を行っている。

（資料）水素社会推進議員連盟からの提言書

ＧＸを加速する水素社会実現に向けた緊急提言

令和４年11月24日
水素社会推進議員連盟

　ロシアによるウクライナ侵略を契機に、我が国のエネルギーを巡る状況は一変、エネルギー価格は高騰し、安全保障上の交渉の材料として使用されるなど、エネルギー安定供給が脅かされる事態となっている。こうした中、すぐに使える資源に乏しくエネルギー供給の脆弱性を抱える我が国にとって、カーボンニュートラルと安定供給を両立し得る突破口となるエネルギーが、水素である。

　我々、水素社会推進議員連盟は、２０１３年の発足以降、一貫して水素の必要性を訴え、官民における議論を喚起することで様々な政策資源が振り向けられた結果、海外に先んじて燃料電池や燃料電池自動車が上市され、世界の注目を集めた。２０１７年には、世界初の水素基本戦略を策定し、50近い国が追随しているほか、未だなお、我が国は水素発電や水素の運搬に関する技術など多くの要素技術で先行している。

　しかしながら、世界各国は、巨額な国費投資を背景に我が国を追いつき追い越しつつある。米国では、10年間、クリーン水素製造への大幅な税額控除が措置され、水素への関心が一気に高まるとともに、エネルギー政策と産業政策の好循環が生まれようとしている。欧州では2030年までに域内で水素製造量1000万トン、輸入で1000万トンと当初の目標を倍増させるなど、エネルギーの構造転換を図ると同時に、国内外で新しい市場を生み出しながら産業の覇権を確立しようとしている。本来、我が国は水素産業の競争力が世界トップクラスであり、技術を有しながら競争力の面で市場を失った半導体やIT、太陽光での反省も生かし、水素への国家としての意志を明確に示す「国家戦略」を掲げながら、国際競争力を高め、世界に打って出ていく必要がある。

まさに、この半世紀を決定づける岐路に立つ中、政治のリーダーシップを発揮し、かつてない兆円規模の国費をもって民の力強い投資を呼び起こし、未来の礎となる盤石なエネルギー供給構造をつくりあげ、エネルギー自立への歩みを着実に進めていく。そして、次の産業を創り、持続的な雇用の拡大に繋げ、国家間の競争に打ち勝っていく。こうした確固たる決意の下、水素社会推進議員連盟は、以下のとおり要請する。

1. 国際水素サプライチェーンの構築

大規模かつ強靱なサプライチェーン構築に向けた水素と既存燃料の価格差に着目した支援制度の構築等の取組を実施すること

水素社会実現の鍵を握るのは、水素供給コストの低減と需要の創出であり、供給側では、安価で大量の水素を供給するとともに、需要側では、水素利活用に係る技術開発や導入支援を行うなど、需給両サイドで政策を進めていく必要がある。

とりわけ、リスクを引き受けながら石油・石炭からガスへの燃料転換が進んだ経験にも鑑みれば、化石燃料中心社会から、炭素中立型社会への転換に向けて、今後10年間で官民による150兆円超の投資が必要である。まずは官が一歩先にリスクをとり、水素混焼発電ないし専焼発電を国の全面的支援により推進し大規模な需要を創出するほか、大規模かつ強靱な水素サプライチェーンを民間主導で構築できるよう、水素と既存燃料の価格差に着目しつつ、事業の予見性を担保する形で、例えば、以下の各国を凌駕する規模の支援制度を構築することをはじめとした様々な取組を実施すべきである。GX実行会議の取りまとめにおいて、国の大胆な支援策を明記するとともに、民間投資の決断に資するよう、早期に制度を具体化し、事業の予見可能性を高めること。

（参考）

欧州：英、独では天然ガスとの値差支援が検討されているところ、支援総額は明らかにされていない。それ以外にも、ＩＰＣＥＩ（欧州共通利益に適合する重要プロジェクト）の中で第一弾「Hy2Tech」として①水素製造技術、②燃料電池技術、③水素の貯蔵、輸送、流通技術、④エンドユーザー（特にモビリティ分野）の分野のプロジェクトに対し、最大54億ユーロ（1ユーロ145円換算で0・78兆円）、民間から投入される見通しの88億ユーロ（1・28兆円）を合わせると総額140億ユーロ超（2・03兆円超）の資金が投入。第二弾「HyUSE」として①水素関連インフラ、②水素の産業利用の分野のプロジェクトに対し、最大52億ユーロ（0・75兆円）、民間から投入される見通しの70億ユーロ（1・02兆円）を合わせると総額120億ユーロ超（1・74兆円超）の資金が投入。

米国：ＩＲＡ（インフレ抑制法）として、クリーン水素製造に対する10年間の税額控除を実施。最大で3ドル／kgの税額控除（1ドル141円換算で1・86兆円）。また、超党派インフラ投資雇用法によりクリーン水素関連のプロジェクトに対し、5年間で95億ドル（1・34兆円）を投資。

海外からの水素輸入に向けた資源外交を強化すること

欧州をはじめ様々な国において、カーボンニュートラル実現に向けて必要となる膨大な水素需要を念頭に、海外の水素資源権益とでも言うべき、上流権益獲得競争に踏み出し、大規模な上流投資も計画されている。我が国でも水素を新たな資源と位置づけ、資源外交で培った資源国との関係もベースとしつつ、水素資源国との関係強化を図ること。

2. 国内水素拠点の整備・充実

我が国は、再生可能エネルギー開発の立地上の制約はあるものの、それでも水力、バイオマス、太陽光、洋上風力、地熱などのキャパシティーの拡大の余地が十分ある。この可能性を最大限生かし、再生可能エネルギー由来の水素製造拠点を国内に広く整備することが望まれている。その際、需要家の視点に立ち、すべての産業が技術面及びコスト面の双方において一足飛びに脱炭素化が可能ではなく、トランジション（移行）段階にある技術を導入することで最大限の排出削減を進める必要があることから、トランジションファイナンスも進めていく必要がある。

効率的な水素供給インフラの整備に向けた制度的措置を実施すること

水素の導入拡大に向けては、水素のコスト低減と合わせて、受入拠点のインフラ整備が重要である。港湾は海外からの水素供給と工業地帯における結節点として、水素利活用のモデル地域として期待されており、国内でも港湾等の地域で水素を集中的に利活用するべく、民間・自治体レベルで検討が進められ、先般、国会でもカーボンニュートラルポートの形成に向けた改正港湾法が成立した。水素を安定的かつ安価に供給するためには大規模な需要創出と効率的なサプライチェーン構築が必要であり、カーボンニュートラルポートの中核として水素・アンモニアを位置づけ、街づくりとも連携を図りながら取組を進めるべきである。競争力ある産業集積の拠点を形成するため、需要の集積と輸送・貯蔵インフラの効率的な整備を進め、需要のさらなる喚起につながる拠点のインフラ整備支援に関して、省庁間で連携して取り組むこと。

モビリティ分野における商用用途での導入拡大を見据え、燃料電池車両の導入補助及びインフラ整備支援等、必要な施策を戦略的に実施すること

カーボンニュートラル実現に向けて、モビリティ分野における脱炭素化は不可欠である。特に

大型バスやトラックや鉄道車両等、走行距離が長く、電気自動車等では対応が難しい領域に関して、各国では、燃料電池自動車や鉄道車両が実用化されている。一方で、我が国では、現状、大型バスやトラック、鉄道車両といった商用用途での水素利用に関する将来像が部分的にしか描けておらず、需要・供給の両面から予見性が立ちにくい状況となっている。

こうした状況を踏まえ、官民一体となって、重点領域の選定や2030年までの車両の導入・インフラ整備の道筋を描くこと、また、政府はその道筋を踏まえた、車両の導入補助・商用車向けの大型水素ステーションの整備支援を検討すること。また、モビリティ全般において、SAFや合成燃料といった次世代燃料の早期開発・普及に向けた支援を行うこと。特に、鉄道車両については、ローカル線における先行的な導入を関係企業、自治体、省庁で連携して取り組み、航空機、船舶といったモビリティにおける水素利用に向けた技術開発も支援すること。

福島を水素の先進研究拠点とし、世界に誇る水素都市とすること

2023年に設立される福島国際研究教育機構について、研究分野の大きな柱として水素を掲げ、世界から研究者が集まる水素研究拠点とすること。あわせて、先進研究の実証・実装の場として、住民の暮らしの中でも水素を最大限利活用するなど、国・自治体の緊密な連携の下、まち

づくりとも連携を図り、世界に誇る水素都市を目指すこと。また、全国に幾つかの水素研究拠点を整備することを検討すること。

3．水素に関する戦略の策定

国内水素導入目標を設定する等、水素基本戦略の改定を行うこと

我が国は世界に先駆けて、2017年に水素基本戦略を策定し、各国がこれに追随し、IEAによれば、現在は、25カ国が戦略を策定、24カ国が戦略を策定中と言われている。こうした中で、現在では世界各国が、より具体的な計画や数値目標を掲げ、これを一助としつつ、民間企業は今後の投資計画などを立てている状況である。我が国においても、現在のエネルギーを取り巻く情勢を踏まえた水素の位置づけや2030年、2050年の国内水素導入目標のみならず、国内水素製造能力目標や用途を設定するなど、具体的な見通し、目標実現に向けた手法を示すことで、事業者の予見性を高め、投資を促進させるよう、水素基本戦略及びロードマップの改定を行うこと。特に、ロードマップについては、官民協議会の積極的な参加を得て、それぞれの商用化に向けた課題や方策をいつまでに、どのように解決していくのか、法整備のみならず、技術開発の目標の年限についても明らかにすること。

世界の水素産業、市場動向を踏まえ、我が国の水素産業戦略を策定すること

欧州では、カーボンニュートラル実現やウクライナ情勢を踏まえたエネルギー安全保障のために、域内の水素製造能力目標を引き上げ、大規模なプロジェクトを計画するなど、水素産業を早期に立ち上げるべく戦略的な動きを見せている。こうした動きに遅れをとることなく、水素産業の勝ち筋を見出し、産業政策という観点から我が国の水素関連産業の育成・競争力強化に取り組むこと。水素需要が旺盛な海外市場への展開を見据えた、水素産業戦略を策定すること。

我が国の技術的優位性確保に向けた研究開発への支援を強化すること

我が国は、燃料電池自動車や定置用燃料電池の実用化、水素発電や国際サプライチェーンの構築といった分野において世界をリードするなど、技術的優位性を築いてきたが、各国の追い上げも激しい。研究開発においては、経済安全保障の観点も踏まえ、我が国が世界と比較して技術的優位性を確保すべき技術を重点的に、海外展開の支援や国際標準化に向けた取組を強化していくこと。また、高温ガス炉の熱を活用した大量かつ安価なカーボンノリー水素製造等の革新的な水素製造技術の開発を推進すること。また、水素吸蔵合金の技術開発についても、政府が全面的に

支援すること。

4．水素の利用を促す環境整備

水素利用に関する規制の合理化、適正化を含め、中長期的観点から、水素利用を促す環境整備を行うこと

気候変動問題への対応の要請、水素利用技術の進展、業態の融合化・多様な主体の関与、安全利用に対する要請など、水素保安規制を巡る内外環境が大きく変化する中で、水素保安の全体戦略とサプライチェーン全体を見渡した保安の在り方を検討する必要がある。

水素社会の実現を見据え、水素のサプライチェーンの各段階において、水素保安規制の現状と課題を整理するとともに、安全の確保を前提としつつ、水素利用に関する規制の合理化・適正化を含め、水素利用を促す環境整備を行うこと。

水素社会の推進が重要な国策であることにかんがみ、水素社会推進法（仮称）を制定すること

水素社会の推進は、カーボンニュートラル、エネルギー安全保障、持続的な経済成長といった我が国の最重要政策課題を達成するための鍵を握る取組であるとともに、事業規模の拡大に即した水素利用に関する規制体系の構築や長期間にわたって民間の取組を促すための予測可能性を担保することが必要な取組であることから、その根拠となる推進法を制定し、水素を安定的に供給する事業を拡大するため、国策としての法的位置付けを明確にすること。

国際議論や標準化の動きを我が国がリードすること

我が国が水素基本戦略を世界で初めて策定したあと、50近い国が国家戦略を策定または策定中であるほか、日本主催の水素閣僚会議においては、世界の水素生産目標を２０３０年に年間９０００万トンに設定するなど、我が国が世界の水素社会のモメンタム形成に向けて大きな役割を果たしている。来年のＧ７サミットにおいても、水素やアンモニアに関する国際世論の形成を主導していくべきである。

今後、国際的な水素取引の促進に資する水素製造時の温暖化ガス排出の計測方法の確立に向けた国際標準化の動きがスタートするほか、水素の本格利用を促進する様々な国際標準化やルールの見直しが進むことが想定される。

これまでに培った技術力を基に水素の利活用が国内外で大きく広がっていくために、率先して国際標準化の議論をリードしていくこと。

メタネーション（水素とCO_2から都市ガス原料の主成分であるメタンを合成すること）については、燃焼時の二酸化炭素排出の取扱いについての国際・国内ルールの整備を推進するとともに、官民協議会において技術的・経済的・制度的課題の解決策について集中的に議論を行いつつ、グリーンイノベーション基金を活用した研究開発支援等を推進すること。

広報を通じた国民の理解を促進すること

２０２０年東京オリンピック・パラリンピック競技大会においては、福島産のグリーン水素による聖火リレーや、選手村のエネルギーを水素で供給するなど、水素社会の実現に向けた、一つのレガシーを築いた。

２０２５年の大阪・関西万博は、より一層進化した、我が国の世界トップクラスの技術を世界に広く発信する絶好の機会である。

水素発電による電力供給や燃料電池船の航行など、水素社会の到来を予期させるような、水素を最大限活用した万博づくりを行い、また、水素を国民が身近に感じることのできるような広報を、官民協力の下で、しっかりと行っていくこと。

ＧＸを加速する水素社会実現に向けた提言
～水素産業戦略の策定と水素社会推進法の実現に向けて～

令和５年５月16日
水素社会推進議員連盟

我が国は２０１７年に世界で初めてとなる水素の国家戦略「水素基本戦略」を策定し、これを皮切りに26の国・地域が相次いで水素戦略を策定した。その翌年には各国の閣僚を招いて水素閣僚会議を主催し、トップダウン型での水素政策へのモメンタム形成を図るなど、世界の水素社会の牽引役となってきた。

我々、水素社会議員連盟では、これまで水素の重要性を一貫して訴え、官民における議論を喚起することで様々な政策資源が振り向けられた結果、世界初の燃料電池車の実用化、家庭用燃料電池の普及拡大、関連特許数も世界トップクラスであるなど、優位性を保ち、世界をリードしてきた。水素輸送、発電、工場での熱利用など、これまでの研究開発の蓄積の上に、水素関連技術の実証も次々と成功を収めている。一方で、我が国は往々にして技術で世界をリードしながら、事業スケールで各国に追いつき、追い越されるという状況にも陥ってきた。これらの反省を踏まえ、水素の分野においては、ビジネスのスピード感を踏まえながら、戦略的に国内外の市場を獲得していくための産業戦略を打ち立て、勝ち筋のある戦略分野に対して政策資源を重点化すべきである。

また、世界各国がカーボンニュートラルの実現に向けた取組を加速させる中、世界のエネルギー情勢は、ロシアによるウクライナ侵略をきっかけに一変し、国際的なエネルギー市場の価格高騰に加え、エネルギーの確保そのものが不安定化する事態が生じている。こうした中、我が国としても、産業革命以来の化石エネルギー中心の産業構造・社会構造をクリーンエネルギー中心へ転換する「グリーントランスフォーメーション」（以下、「GX」という。）を推進する必要がある。

水素社会推進議員連盟では、このGX推進の中において、カーボンニュートラルの実現と安定供給の確保を両立し得る突破口として水素を位置付ける必要性を訴え続けた結果、政府は、水素等（アンモニアや合成メタン（e-methane）・合成燃料（e-fuel）等のカーボンリサイクル燃料を含む）に対し、今後10年間で約7兆円超の官民投資を実施する方向性を示している。水素はカーボンニュートラルの突破口だけでなく、我が国産業が世界でトップランナーとして存在感を発揮し、経済・雇用においても大きな役割を果たすべき中核とも言える分野である。

欧米の数十兆円規模の支援に劣ることのない充分な支援を確保しつつ、国内外における大規模かつ強靱な水素等のサプライチェーン構築に向けては、需要と供給両面での総合的な取組が必要であり、これに向けて、より大胆な官民投資を促進し、産業戦略と両立する形でS＋3Eを実現するための水素社会推進法（仮称）の整備を早期に進めることが重要である。
このような問題意識の下、水素社会推進議員連盟は、以下のとおり要請する。

1．水素の社会実装を加速化させる水素基本戦略の改定及び大胆な支援の枠組み

水素基本戦略を改定し、今後の水素社会実現に向けた道筋を示し、需給一体での取組を加速化させること

我が国において、2017年に世界に先駆けて水素基本戦略を策定して以降5年が経過し、国内の水素関連技術や世界のエネルギー情勢について、大きな変化があった。策定当初と比較し、水素の社会実装に向けて、国内の水素需要を拡大させつつ、安定的かつ低コストな水素供給体制の構築に向けて、企業、自治体とも具体的に動き始めている。

こうした動きを踏まえ、水素基本戦略を改定し、2050年カーボンニュートラルを達成するために、官民が共有すべき必要な課題と対応の方向性を示すこと。具体的には、2030年以降の水素等の導入加速に向けて2040年の導入目標の明確化、その実現に向けた需要の拡大と供給体制の実現に向けた方策について、官民及び関係省庁一体での取組を加速化すること。

また、水素への国民理解を得ていくことも重要であり、2050年の大阪・関西万博は、より

一層進化した、我が国の世界トップクラスの水素関連技術を世界に広く発信する絶好の機会である。水素発電による電力供給や燃料電池船の航行など、水素社会の到来を予期させるような、水素を最大限活用した万博づくりを行い、また、水素を国民が身近に感じることのできるような広報を、官民協力の下で、しっかりと行っていくこと。

ＧＸ経済移行債を活用し、国内外における大規模かつ強靱なサプライチェーン構築に向け、世界に比肩する充分な支援額を確保すること

米国では水素生産に対する数十兆円クラスの税額控除がスタートし、欧州の水素戦略では60兆円の予算計画がアナウンスされるなど、世界が巨額の水素投資を進めている。こうした中、我が国でも、国内外での大規模かつ強靱な水素等のサプライチェーンの構築に向けて、今後15年間で約15兆円の官民投資を必要とする具体的な計画が動き始めている。ＧＸ実行会議においても柱として位置づけられた水素・アンモニアに対して、ＧＸ経済移行債において世界と同等以上の充分な金額を確保し、大規模かつ強靱な水素サプライチェーンを民間主導で構築できるよう、水素と既存燃料の価格差に着目しつつ、事業の予見性を高める支援や、需要拡大や産業集積を促す拠点整備への支援を行うこと。この場合、サプライチェーンについて海外のみに依存することは避けなければならず、国内における水素製造のサプライチェーンの構築を重点的に進めること。

大規模サプライチェーン構築にかかるリスクを官民で適切に分担しながら、ファイナンスの充実を図ること

世界のプロジェクトの状況からも、1つの水素サプライチェーンの構築にあたり最低でも1兆円~2兆円規模の資金が必要とされる。他方、かつての総括原価方式の下、電力価格への転嫁を前提とした借入によって実現したLNGサプライチェーンの構築であっても、プロジェクトファイナンスが組成されるまでには、19年の年月を要した。

翻って、水素サプライチェーンの構築には、収入の予見性・安定性を見通すことの困難さ、トラックレコードのない新技術であること、標準モデルがない中でのプロジェクトコーディネートの難しさ、民間銀行の事業向け融資金額の制約などが存在する。

したがって、当面は技術開発の動向やプロジェクトの規模等に応じて企業の信用力を背景としたコーポレートファイナンスを活用しつつ、中長期的にはプロジェクトファイナンスによる資金調達を行うことが必要。その間、国による価格差に着目した支援による事業の予見可能性を高めると同時に、政府系金融機関によるリスクテイク、量的補完といったファイナンスの充実を図っていくこと。

2. 国内外市場獲得に向けた我が国の水素産業育成の強化

欧州、米国が巨額の支援を行う中、脱炭素とエネルギーの安定供給の両立のみならず、経済成長をなし得る、「水素産業戦略」を策定し、水素基本戦略を構成する柱として位置づけること

我が国は、燃料電池自動車や家庭用燃料電池、水素発電や国際サプライチェーンの構築といった分野において、世界に先駆けて水素技術を世に送り出し、技術的優位性を確立してきた。しかしながら、欧州のグリーンディール産業計画に代表されるように、エネルギー政策と産業政策を一体のものとして捉え、水素産業へ巨額の投資が行われることを踏まえれば、我が国は、事業スケールで各国から追い越される〝技術で勝ってビジネスで負けるパターン〟に陥ってはならない。

加えて、世界のエネルギー消費における我が国の割合は相対的に低下していく中で、国内需要に閉じた発想から脱却し、海外に広く市場を求めていく必要がある。官民が対話を重ねながら、水素産業戦略を策定し、大きな方向性と政策の道筋を共有しながら、水素輸送や発電に関する技術等の確立と海外展開を進めていくこと。

水素産業のカギとなる燃料電池スタック技術、水電解装置や部素材につき、民間の大規模投資を後押しすること

水素の生産、輸送、利用にわたるサプライチェーン全般を見渡すと、我が国は相対的に下流部分に強みを有しており、その鍵となる燃料電池スタック技術を世界で初めて実用化してきた一方で、上流の水素生産は相対的に出遅れている。しかしながら、水電解装置を構成する電解質膜や触媒は、性能・品質ともに高く、水素の生産効率を飛躍的に高める要素技術は強みを有している。

燃料電池スタック技術については、自動車に加えてフォークリフトなどの多様なモビリティでの燃料電池としての活用だけでなく、水電解装置への活用など水素産業の基本となる技術、いわば水素利活用のプラットフォームであり、日本は技術的強みを有している。

また、水電解装置についても、上流の大規模水素製造プロジェクトだけでなく下流の利用の局面においても、水電解装置で水素を製造し、工場の熱源として利用する取組が始まりつつある。製造業が多い我が国の事情や、国内外の需要の大きさを踏まえれば、水電解装置の価格低下と普及を早急に図ることで、水電解分野でも市場を拡大できる余地が大きい。

こうした、我が国が強みを有する燃料電池スタック技術、水電解装置、また関連部素材につき、

国が大規模な民間投資を支援し、スピード・規模で世界のトップクラスを目指し、先行者利益の獲得と国内外市場の獲得を行うこと。

トラックをはじめとしたモビリティへの重点的支援を行うこと

本年から、福島、東京、福岡において、列車に加え、水素トラックが数百台規模で走行をスタートする。まさに「水素トラック元年」ともいえる年にあって、様々な施策の効果も踏まえながら対象を商用車にも広げていくべきである。とりわけ、水素トラックは、水素の使用量が乗用車の最大80倍程度と水素消費量も大きく、運輸部門の水素利用の強力な牽引役であり、水素ステーションも商用車向けのインフラ整備やステーションの能力増強を進めていく必要がある。

また、従来車と比較して、燃料電池トラックや燃料電池自動車の乗り心地は圧倒的に良く、車上で長時間の勤務となるドライバー視点からも、また、深夜走行での騒音対策の側面からも、次世代を担うトラックとして期待できるものであり、積極的にこうした価値の普及啓発とともに、試乗会の開催など、官民協力、各省連携の下に、普及拡大に努めていくこと。

このほか、建機・農機・鉄道・船舶・バスなど様々なモビリティについても水素利活用を進めていくこと。また、既に実証実験を行っている水素列車については、特にローカル線での実装について早期に取り組むこと。

3. 水素の利用を促す環境整備

水素社会の推進が重要な国策であることにかんがみ、水素社会推進法（仮称）を制定すること

水素社会の推進は、カーボンニュートラル、エネルギー安全保障、持続的な経済成長といった我が国の最重要政策課題を達成するための鍵を握る取組である。

事業規模の拡大に即した水素利用に関する規制体系の構築や長期間にわたって民間の取組を促すための予測可能性を担保しながら、需要と供給両面での総合的な取組を促すことが必要であることから、その根拠となる推進法を制定し、国策としての法的位置付けを明確にすること。具体的には、我が国の経済・雇用に裨益《ひえき》する形で、既存燃料との価格差に着目した支援制度や、需要拡大や産業集積を促す拠点整備への支援とともに、クリーンな水素・アンモニアへの移行を求める措置も含む、規制と支援一体型の包括的な制度整備を進めること。また、水素・アンモニアの社会実装を加速させるため、輸入関税の撤廃を徹底すること。

水素利用に関する規制の合理化、適正化を含め、中長期的観点から、水素利用を促す環境整備を行うこと

水素は、他法令を含め、既存の産業保安の枠組みの活用を前提に、一定の水素利活用を促す環境整備は存在するものの、これらは必ずしも大規模な水素利活用を前提としたものではないため、規制の合理化・適正化を含め、水素利用を促す環境整備を構築する必要がある。例えば、事業者目線では、燃料電池システムの多用途に適した高圧水素用容器の基準が存在しないことや自治体によって許認可の判断にばらつきがあること、詳細基準事前評価制度の活用において事業者が目指すスピード感と実際の評価のスピードがあっていないことなどの課題がある。

官民一丸となって、水素の市場導入の加速のため、安全確保を裏付ける科学的データ等の獲得を徹底的に追求し、タイムリーかつ経済的に合理的・適正な水素利用環境を構築するとともに、シームレスな保安環境を構築するべく我が国の技術基準を国内外に発信し、世界的に調和の取れたルールメイキングを目指すことが重要である。

また、大規模な水素サプライチェーンの構築に向けて、現行の保安を含む適用法令全般の関係の整理・明確化に加えて、必要な保安規制の合理化、適正化を図るなどの環境整備を早期に行うこと。

〈凡例〉港湾脱炭素化促進事業　　　将来構想

		短期（～2025年度）	中期（～2030年度）	長期（～2050年度）	実施期間未定
【KPI1】CO_2排出量		－	1,343万トン/年（2013年比46%減）	実質0トン/年	
温室効果ガス排出量の削減並びに吸収作用の保全及び強化に関する事業	共通	荷役機械及び物流車両を対象とした水素利活用の実証			
	ターミナル内	ガントリークレーンのインバーター方式化			ターミナルオペレーションの最適化・高度化
		荷役機械の自働化			荷役機械の脱炭素化
		荷役機械の電動化			CO_2フリー電力の導入
		照明のLED化			
	船舶・車両	陸上電力供給設備の導入（作業船向け）			陸上電力供給設備の導入
					陸上電力供給受電設備の搭載
		LNGバンカリング拠点の形成			ゼロエミッション船の導入
			アンモニア燃料船の導入		本船へのCCSの搭載
		石油系燃料船でのバイオ燃料活用		石油系燃料船での合成燃料活用	
		メタノール燃料船の導入			
	ターミナル外	FC換装型RTGの導入			発電燃料の転換（水素又はアンモニア）
		バッテリー式フォークリフトの導入			吸収源対策の推進
		CO_2フリー電力の導入			
		ボイラー更新・燃料転換（水素及び都市ガス）			
		太陽光発電設備の導入			
				高炉への水素系ガス吹込み	
			CCS関連設備の設置		
港湾・臨海部の脱炭素化に貢献する事業	水素・アンモニア	知多緑浜工場での水素製造			伊勢湾地区における水素サプライチェーン構築
			廃プラスチックガス化設備を活用した水素製造		液化水素の供給
			ターコイズ水素製造設備の導入		アンモニア燃料輸送船・アンモニア燃料供給船
		海外輸入水素・アンモニア受入基地の整備			浮体式アンモニア貯蔵再ガス化設備搭載バージ
	合成メタン	バイオガス由来のCO_2やLNGの冷熱発電等を活用したメタネーション実証試験			
		LNG未利用冷熱を活用したCO_2分離回収技術開発・実証			
			メタネーションによる合成メタンの導入・供給		
	SAF、バイオディーゼル				SAF、バイオディーゼルの製造
	発電	発電熱効率の維持・向上			発電燃料の転換（水素又はアンモニア）
	CCUS	CCUS事業のための施設整備			液化CO_2輸送船の運航

名古屋港港湾脱炭素化推進計画の目標達成に向けたロードマップ

出所：名古屋港管理組合「名古屋港港湾脱炭素化推進計画」（2024年3月、名古屋港港湾脱炭素化推進協議会）

あとがき

昭和34年（1959年）9月26日、戦後最大級の台風である伊勢湾台風が襲来しました。私の生まれる5年前です。その被災地の一角である名古屋市南部が私の選挙区です。

幼い頃、近所の友人宅に行くと、柱や階段に付いた筋の跡を見せてくれて、「ここまで水に浸かった」とよく言われたものでした。また、あるお年寄りには、「恐ろしく風が強く、通過後も辺り一面水没したままで、復旧するまで数か月かかった」と、風水害の怖さを教えてもらいました。

そのような名古屋で育ち、その後も、東海豪雨や繰り返される水害に遭ったことは、私の政治活動の原点になりました。国家予算がなければ、インフラ整備や人命救助などはできない、どうしたらよいのかと悩み、国政を目指そうと思ったのです。

「災害に強い街づくり」をスローガンにして衆議院選挙に出馬し、皆様の御力で当選することができました。守ることは栄えること。守るべきを守り、社会の繁栄に尽力することが私の政治信条になりました。

初当選以降、当時の麻生太郎財務大臣に名古屋港に関する対策となる予算を要望しました。国土交通省には、髙橋治朗（故人）名古屋港利用促進協議会会長と共に名古屋港の強靭化や、日本一の産業港としての更なる発展に貢献するべく要望を出しました。それらの活動をこれまで継続してきました。また、関係者の皆様と協議して、ゲリラ豪雨時の排水や河川氾濫対策、インフラ老朽化対策などを要望し、名古屋港の早期整備化の実現に向けて活動しました。その結果、過去レベルの災害に対応できる整備は完成いたしました。

しかし、気候温暖化、南海トラフ巨大地震の発災時への備えが不可欠だとの考えに及ぶに至り、今現在、政治活動をしています。名古屋港の重要性や可能性を周知するために、このたび原稿化、大先輩二人に支えられて出版を決意いたしました。

その後、新型コロナウイルスが世界中に蔓延し、時代は大きな変革を迎えます。エネルギーの転換が求められているのです。欧州連合（ＥＵ）をはじめとするヨーロッパが発電・送電を化石燃料から再生可能エネルギーへと急速にシフトして、米中までも二酸化炭素（CO_2）排出量の削減を宣言しました。持続可能な社会の実現にとっては不可欠な事柄になりました。

私には初当選以降、国土強靱化以外に傾注してきた政策があります。当時は誰もが無関心であった再生可能エネルギーの一つである〝水素〟を利活用して、自動車燃料、モーダルシフト、そして発送電化を可能にしてCO_2排出量の約60％が集中する港湾・臨海部を将来に向けて変革すること、かつ災害時にも利活用できるようにすることです。これらを議論してきた自民党水素社会推進議員連盟から水素社会推進法を提出しようとする気運が生まれ、結果として今国会で採決されたことは、議連の事務局長として、新たな一歩を踏み出せたと自負しています。

名古屋港においても「名古屋港港湾脱炭素化推進協議会」が発足しました〈2023年〈令和5年〉〉。新たな港湾へのシフトも視野に入れて、国が打ち出す2050年のカーボンニュートラルゼロより早く、2030年カーボンニュートラルポート名古屋の実現化に向けて、関係各位と活動を共にし、具現化してまいります。

国内だけでなく海外からも視察研修の依頼が後を絶たないような、強靱かつ安定したエネルギー供給網、迅速な物流網の再構築、サイバーテロに二度と屈しないセキュリティ対策の整った産業港……、そうした名古屋港を実現するには……。

皆様、名古屋港は新たな魅力が伴って、どんどん変わっていくことでしょう。日本中から多くの方々に訪問していただき、家族や仲間と共に楽しく観光してもらえる名古屋港になりますよう、全力で取り組んでいくことをここにお誓いしたいと思います。

本書の企画段階では、東海素淮会鬼頭完次会長、里永尚太郎氏にはお世話になりました。記して感謝申し上げます。また数年にわたり、この出版を支え、原稿のとりまとめをして下さった中央公論事業出版の神門武弘氏や阿部香奈子氏はじめスタッフの皆様、ライターの高橋徹氏に深く感謝申し上げます。

出版に際し、支えて応援して下さいました皆様方に心から敬意と感謝を申し上げます。

工藤彰三

2024年8月

◉名古屋港を知るには、以下のサイトが最もお薦めです。
名古屋港管理組合
https://www.port-of-nagoya.jp/kanko/index.html

本書の制作にあたり、ご協力いただき、厚く御礼申し上げます。
名古屋港管理組合
名古屋港運協会
公益財団法人名古屋観光コンベンションビューロー
名古屋市
名港海運株式会社
トヨタ自動車株式会社
岩谷産業株式会社
西日本鉄道株式会社
東海旅客鉄道株式会社
川崎重工業株式会社
一般社団法人次世代自動車振興センター
経済産業省資源エネルギー庁
国土交通省

著編者略歴
工藤彰三（くどう・しょうぞう）
昭和39年12月8日、名古屋市熱田区生まれ。東海中学・高校、中央大学商学部卒。大学時代から国会で学び、片岡武司元自治政務次官の秘書を務める。
地元に戻り、名古屋市会議員であった父恭弘の秘書を経て、「災害に強い街を作る」という強い信念のもと政治の道へ進み出馬する。
平成15年より名古屋市会議員2期。
平成24年12月に衆議院議員初当選以降、現在5期目。
主な役職・経歴は、内閣府副大臣、国土交通大臣政務官。
衆議院では、国土交通委員会理事、災害対策特別委員会理事。
自民党では、内閣第一部会長、水素社会推進議連事務局長、
リニア中央新幹線推進議連事務局長、治安・テロ対策調査会事務局長、
運輸・交通関係団体委員長。

名古屋港《なごやこう》を語《かた》る　脱炭素《だつたんそ》の未来《みらい》へ

2024年11月14日　初版発行

著編者　工藤彰三
著　者　麻生太郎
著　者　髙橋治朗

制作・発売　中央公論事業出版
〒101-0051　東京都千代田区神田神保町1-10-1
IVYビル5階
電話　03-5244-5723
URL　https://www.chukoji.co.jp/

印刷・製本／大日本印刷
装丁／ studio TRAMICHE

Printed in Japan　ISBN978-4-89514-553-4　C0036